DES CONCESSIONS

DE

TERRAINS COMMUNAUX

DANS

LE DÉPARTEMENT DES LANDES

LOI DU 19 JUIN 1857
relative à l'assainissement et à la mise en culture des landes de Gascogne

JURISPRUDENCE

Par P. CUZACQ, DE TARNOS
(LANDES)

BAYONNE
IMPRIMERIE E. LASSERRE, RUE ORBE, 20

1877

DES CONCESSIONS

DE

TERRAINS COMMUNAUX

DANS

LE DÉPARTEMENT DES LANDES

LOI DU 19 JUIN 1857
Relative à l'assainissement et à la mise en culture des landes de Gascogne

JURISPRUDENCE

PAR **P. CUZACQ**, DE TARNOS
(LANDES)

BAYONNE

IMPRIMERIE E. LASSERRE, RUE ORBE, 30

1877

TABLE

—

DES CONCESSIONS

DE

TERRAINS COMMUNAUX

DANS

LE DÉPARTEMENT DES LANDES

CHAPITRE PREMIER

DES BIENS COMMUNAUX

L'origine des biens communaux remonte aux temps les plus reculés. Dans les Landes, dans cette contrée déserte, la terre manquait de fertilité, et les populations pouvaient à peine y vivre. On a dû primitivement, pour venir en aide aux populations rurales, agglomérer une grande partie du territoire et en former un patrimoine commun pour le parcours des bestiaux. De cette possession naquirent le droit de propriété et le droit de parcours pour les troupeaux de tous les habitants de la commune.

Sous la domination romaine, les villes et les villages de la Gaule possédaient des terres communales.

Pendant le Moyen-Age, la noblesse féodale s'empara en partie des terres qui appartenaient aux communes; celles-ci se trouvèrent par conséquent dépouillées de leur propriété. La royauté, qui voulait diminuer la puissance de la noblesse, finit par prendre la défense des communes. Les communes furent rétablies de plein droit dans leurs biens aliénés depuis quelques années. (*Ordonnances de Louis XIV de 1659 et de 1669.*)

Dans le pays de Gascogne, les seigneurs concédaient les landes moyennant une légère rente annuelle.

« Le régime féodal exista-t-il donc, pesa-t-il sur notre pays, sur les paroisses qui forment le territoire actuel de l'arrondissement de Dax?

« J'ai sous les yeux un titre qui n'est pas moderne, puisque sa date est du 15 juin 1300. On y voit que *Raimond Amanien, seigneur de Labrit, vicomte et baron du pays de Maremne (formé de 9 paroisses), ayant fait mander cour générale par trois jours, en la paroisse de Tosse au lieu accoutumé, tous les habitans, gentilhommes, nobles, caviers, communs voisins et habitans, et là tenant et faisant cour,* pour lui prêter, comme héritier de son père, le serment dû et accoutumé au seigneur à sa nouvelle entrée, offrant de leur prêter le sien, les nobles et habitans de la vicomté lui firent exposer par le curé de *Saint-Vincent-de-Tirosse*, représentant l'évêque de Dax, que les précédents seigneurs ou leurs officiers les avaient *aucunement grecés le temps passé, et leur avaient été et soustrait leurs coutumes, franchises, libertés, styles, usages antiques, statuts, règles et droits, avec le privilège jà baillé et octroyé au seigneur et aux voisins habitans, par le très souverain seigneur le roy d'Angleterre, comme duc de Guienne, qui avaient été mis anciennement par écrit par main de notaire dans le livre messel de l'église paroissiale de Tosse par manière de vidimus.* Ils demandèrent donc au seigneur qu'il lui plût de confirmer, approuver, tenir et observer les statuts et usages anciens, etc. ; *et à iceux et à chacun d'iceux corriger et duebient amender en choses utiles et nécessaires,* etc. Le résultat de cette assemblée fut la rédaction d'un nouveau traité par acte public, connu sous le titre de *Statuts de Maremne,* dont le vicomte, les nobles et habitans promirent l'observation par serment.

« Je prie qu'on m'excuse d'avoir rapporté les trois articles suivants de ces statuts :

« *Item.* Seront tenus de donner et payer lesdits voisins et habitans
« à ladite baronnie de Maremne audit seigneur, pour raison des
« *padouans, pâturages, terres, estangs, fruits, entrées, issues,*
« *profits, émoluments, franchises, libertés,* et pour tous exploits de
« servitude de ladite baronnie. — C'est à savoir annuellement »
(suit le règlement de la rente appelée *queste*).

« *Item.* Et en payant la susdite rente audit seigneur ou à son
« député procureur clavier en la forme et manière que dit est, les-
« dits voisins et habitans de Maremne et chacun d'eux peuvent et
« doivent posséder, servir, user et jouir de toute la terre, propriété
« et franchise de ladite baronnie de Maremne avec toutes ses appar-
« tenances et dépendances, *comme sont terres labourées et à labou-
« rer, cultes et incultes, padouans, landes, bois à forêts, pâturage de
« bestail, ruisseaux, estangs, eaux, chemins, voies, sentiers, servi-
« tude et autres prééminences et libertés, franchement et entièrement
« à leur volonté* (excepté du naufrage de la côte de la mer, etc.).

« *Item.* Le seigneur de Maremne ne peut ni ne doit laisser à cens,
« rente, fief, ni aucun autre tribut nouveau, de la terre *commune*
« de ladite baronnie, en aucune manière que ce soit, à aucun per-
« sonnage que ce soit, *parce que, en payant la susdite rente en la
« manière que dit est, le tout est et appartient aux voisins et habitans
« dudit Maremne,* excepté de la seigneurie et justice, » etc.

« L'histoire m'apprend aussi que la *vicomté d'Orthe* (composée de quatorze paroisses) existait dès l'année 1000 ; que *Loup Garcie,* l'un des premiers vicomtes dont la mémoire a pu se conserver, fonda

l'abbaye de Cagnotte, et qu'en 1122 le vicomte d'alors, qui était ou
se croyait maître de toutes les *landes* de sa seigneurie, en donna
une partie aux moines de cette abbaye pour en procurer le défrichement et la culture, pour le pacage des bestiaux et tous autres
besoins, *ad extirpendum, ad colendum, ad pecorum pastum, et ad
omnia necessaria*; que cette donation fut confirmée en 1431; mais
que dans l'intervalle, et dès l'année 1343, il y avait eu des discussions entre le vicomte d'Orthe et les nobles, manans et habitans
d'Orthe, discussions terminées par transactions confirmées par les
autorités judiciaires (1). »

Lorsque l'affreuse et salutaire tempête du 28 octobre 1579,
secondant les magnifiques travaux du célèbre ingénieur Louis de
Foix, eut aidé les eaux réunies de l'Adour et de la Nive à s'ouvrir
leur embouchure actuelle au Boucau-neuf, des plaines immenses des
baronnies de Gosse et de Seignanx, de la vicomté d'Orthe et d'une
partie du duché de Gramont, submergées depuis une longue suite
d'années, furent abandonnées par les eaux qui les couvraient depuis
l'horrible tempête qui, en fermant leur ancienne embouchure, avait
menacé Bayonne et les pays environnants d'une ruine qui semblait
inévitable. Les habitants de ces paroisses si longtemps inondées
voulurent utiliser ce nouveau phénomène de la nature. Ceux des
baronnies de Gosse et de Seignanx et du duché de Grammont obtinrent de leurs seigneurs respectifs l'inféodation de ces terres si
heureusement desséchées; ils les cultivèrent, et ils obtinrent les plus
heureux succès de leurs travaux.

Cet exemple éveilla l'émulation des habitans de la vicomté d'Orthe. Ils voulurent contraindre leur seigneur à leur *bailler* à titre
d'inféodation tous les padovens, et notamment toutes les terres
abandonnées par les eaux de l'Adour, afin de les mettre en culture.
Les syndics des caviers et des propriétaires présentèrent dans cet
objet une requête au parlement pour faire condamner leur seigneur
à leur afféver tous ces fonds; un arrêt contradictoire de l'année
1627 ordonna la vérification de l'état des lieux et l'arpentement des
padovens.

Les syndics des caviers et des propriétaires attaquèrent cet arrêt
par requête civile; il fut rétracté, et par autre arrêt du 29 juillet
1628 il fut ordonné qu'il serait procédé, par le rapporteur du pro-
cès, à la constatation de l'état des terrains à défricher, et à leur
arpentement par des experts dont les parties conviendraient, à l'exclusion de tous tenanciers ou justiciables de la vicomté d'Orthe.

Pour tarir la source de tant de débats et hâter des améliorations également désirées par le vicomte d'Orthe et par ses vassaux,

(1) Examen de l'écrit intitulé : *De l'Origine et de la Législation des Communaux en
général, et en particulier de ceux qui sont connus sous le nom de cupcazaux*, par
RAMONBORDES (1823), p. 10.

il fut fait une transaction, le 10 septembre 1635, dans laquelle stipulèrent le vicomte d'Orthe, d'une part, les syndics des seigneurs caviers de la vicomté et les divers députés choisis par chacune des paroisses, d'autre part, pour terminer irrévocablement ces contestations.

Les syndics des caviers et ceux des diverses communautés déclarèrent consentir à ce que toutes les terres incultes fussent partagées paroisse par paroisse, suivant les *modèles anciens ;* que chacune des paroisses fût exactement délimitée, pour connaître l'étendue des fonds qui lui seraient assignés ; qu'il serait en conséquence procédé à un arpentement général, aux dépens du seigneur, en présence des syndics, pour en opérer le partage. Ils déclarèrent consentir encore à *ce qu'après le partage, le seigneur pût traiter à fief et titre d'investiture la tierce desdits padovens, paroisse par paroisse, en faveur de chacun particulier des habitans d'icelles paroisses de ladite vicomté, aux lieux et endroits qu'il en sera requis par chacun d'eux, jusqu'à concurrence de ladite tierce, sans y bâtir maison ni capcazal, ni que l'un voisin puisse incommoder l'autre, et moins encore que ledit seigneur puisse appeler les étrangers auxdits fiefs pour leur donner ledit titre d'investiture* (1).

On lit dans les *Coustumes générales et particulières de la ville et prevosté d'Acs* (1660), chapitre *Des présentations*, p. 28 :

«ART. XI. Au vicomte de Maremne ès baronnies de Marensin, de Gosse, Senhanx, Herbefaveire, Lafarie, Magescq, Saubusso, Sabres, et paroisses de Corbie, Derin et de Gorberar, tant que s'estendent les fiefs du seigneur de Poylhaut, et généralement en toute la terre de queste, excepté en la baronie de Capbreton, les habitans desdits vicomté et baronnies, et autres terres de queste, ont droit et peuvent perpendre, que l'on appelle vulgairement *perprison*, des terres communes et franches sans congé du seigneur, en payant leur quotité de la queste ; mais ne peuvent perpendre terre connuö d'autre voisin, ne empescher chemin public, ne privé, ne chemins de bestails. Toutefois esdites baronnies de Gosse, Senhanx, et paroisse de Saubusse, du consentement des seigneurs et habitans desdits lieux, ne pourront user de perprinse.

«ART. XVIII... Et ès vicomtes de Maremne, baronnies de Marensin, Gosse, Sebans et autres lieux, qui payent queste et aubegardo au seigneur, et usent de perprison, qu'est prendre de propre authorité terres communes, ne payent aucun loz ou vêtes. »

Le baron de Tercits aliéna en faveur de ses vassaux, possesseurs d'héritages concédés, la propriété des bois ou terres vagues du fief moyennant une gerbe de froment, un porc marsan et 18 *ardits* par héritage.

Le domaine ancien, l'héritage primitif, tel qu'il était composé à

(1) *Observations de M. Bergoing, avocat, sur les capcazaux*, p. 70. (Dax, 1825.)

l'origine de la communauté, portait le nom de *capcazal*. Les capcazaliers, c'est-à-dire les propriétaires de ces héritages, jouissaient de
droits plus importants que les autres habitants sur les communaux.

L'*ahiton* formait une partie de fonds détaché du capcazal sur lequel on avait bâti une maison.

Le *novelin* comprenait un terrain nouvellement concédé et défri-
ché sur lequel on bâtissait une maison.

Dans les assemblées capitulaires, les capcazaliers seuls avaient voix
délibérative. Ces assemblées étaient nommées *Beztau* ou *Capiton*.

« Le 8 juin 1752, les propriétaires résidant à Latorte, désireux de
faire cesser les débats continuels qui existaient entr'eux à raison de
la jouissance des landes et padorens qui appartenaient à la communauté dont ils faisaient partie, délibérèrent en assemblée capitulaire
d'en faire le partage *en autant de lots qu'il y a de capcazaux......;*
lesquels lots seront proportionnés à ce que chaque capcazal supporte
de taille. Il fut aussi arrêté que les padovens complantés en chênes
blancs ou tauzins seraient arpentés, et divisés en lots *pour être partagés entre les capcazaux*, les frais de ces partage et bornage
devant être supportés par chaque *propriétaire de capcazal*. Ils
s'interdirent réciproquement de couper du soutrage sur les lots d'autrui, et ils convinrent que si quelqu'un d'entr'eux n'avait pas besoin
de couper celui qui croîtrait sur sa portion, et voulait le rendre,
il serait obligé d'offrir la préférence aux co-propriétaires assemblés.
La vente qui serait faite à un étranger sans cette forme préalable
serait nulle et sans effet.....

« La communauté de Seyresse et celle de Latorte possédaient
par indivis un bois et une barthe appelés le *Grand Massens*. Les
propriétaires s'étaient plusieurs fois réunis pour régler entr'eux
les moyens d'utiliser cette propriété, qui ne leur donnait aucun
revenu; ils s'assemblèrent enfin capitulairement le 3 juin 1757
dans ce bois même. Ils convinrent de faire clore et défricher cette
propriété, dont les deux tiers appartenaient à Latorte et l'autre
tiers à Seyresse; des bornes déterminaient ces limites. Les fonds
avaient été depuis longtemps partagés entre les propriétaires, dont
les lots étaient seulement distingués par des bornes, afin que leurs
bestiaux pussent y aller paître. Les syndics et les propriétaires
forains des deux communautés assistaient à cette délibération. Il
fut nommé de part et d'autre des commissaires pour se rendre à
Dax, et délibérer avec les propriétaires forains sur les moyens
d'exécution de ce projet, s'il était approuvé.

« Le 19 du même mois de juin 1757, les jurats et députés des
deux communautés, assemblés avec les propriétaires forains à
Dax, chez M. Planter, conseiller, l'un des propriétaires, approu-
vèrent la délibération du 3, et déterminèrent la nature des travaux
à faire pour mettre en parfait état de culture 44 arpens de cette

barthe du *Grand-Massens*, et pourvoir au paiement des frais de ces travaux, dont les deux tiers devaient être à la charge de la communauté de Latorte et un tiers à la charge de la communauté de Seyresse. On lit dans la délibération, retenue par le même notaire retenteur de celle du 3 du même mois, la disposition suivante : « Au surplus, lesdits propriétaires et habitants ont
« convenu que lorsque le dit ouvrage sera fini, ils feront, chacun
« dans sa communauté, le partage du fonds qui leur restera ;
« savoir : les propriétaires et habitants dudit quartier de Latorte,
« par portions égales pour chaque capcazal du dit quartier ; et les
« propriétaires et habitants de la dite paroisse de Seyresse, de
« partager leur portion au prorata par capcazal de ce que chaque
« capcazal paiera de taille. Le partage a été exécuté.... » (1)

D'après un arrêt du conseil d'État du Roi, en date du 5 mai 1750, revêtu de l'ordonnance d'exécution du 7 juin suivant, de M. Daligre, intendant, il fut ordonné d'indemniser les propriétaires des généralités d'Auch et Pau (2) qui fourniraient des terrains pour l'établissement de nouvelles routes au moyen de parcelles de biens communaux situés dans ces communautés ou paroisses.

Un arrêt du conseil d'État du 10 juillet 1750 permit aux communautés des généralités d'Auch et Pau d'aliéner partie de leurs terrains et communautés dont elles pouvaient se passer, pour le produit d'iceux être employé au payement de leurs dettes.

Un troisième arrêt du conseil d'État en date du 28 octobre 1771, revêtu de l'ordonnance de M. d'Aine, intendant, contresigné Sallenave, ordonna l'exécution des précédents arrêts, et autorisa les habitants des communautés des généralités d'Auch et Pau à partager leurs terrains communs pour les mettre en valeur, à la charge par chaque co-partageant de payer une redevance au profit de la communauté.

« Autorise Sa Majesté ceux desdits habitants qui ne pourraient
« les vendre (les communaux incultes), ou qui préféreraient de les
« partager en tout ou en partie, à procéder au partage d'iceux
« *entre tous les habitans, chefs de famille, ménage par ménage* et
« par portions égales, dont ils jouiront chacun à leur égard
« comme de leurs biens propres, à la charge toutefois de les faire
« valoir en les employant à telle culture qu'ils jugeront la plus
« convenable, ou en les plantant en bois à leur choix. Ordonne
« Sa Majesté que chaque co-partageant sera tenu de payer pour sa
« portion une redevance annuelle au profit de la communauté,
« pour être employée aux besoins et charges d'icelle ; laquelle redevance sera réglée très-modérément par lesieur Intendant ; » etc...

(1) *Observations de M. de Bergoing*, p. 128 (1835).
(2) L'élection des Lannes, suivant l'édit du mois d'avril 1716, avait été comprise dans la généralité d'Auch et Pau. Elle fut rendue à la généralité de Bordeaux par l'édit de janvier 1773.

Un autre arrêt du conseil, du 9 mai 1773, ordonna le partage des communaux possédés par indivis par les différentes communautés, parsans ou quartiers des généralités de Pau et Auch.

Mais quelles étaient les personnes qui devaient concourir au partage des communaux? Un nouvel arrêt du conseil d'État, en date du 25 octobre 1777, vint lever les doutes.

« Les possesseurs (dit-il, art. 2) des différentes métairies for-
« mées avant la publication du présent arrêt, et situées dans la
« même communauté, seront compris dans les partages pour
« autant de portions qu'ils auront de possessions de ce genre;
« lesquelles portions *y seront annexées, sans qu'en aucun cas et sous*
« *aucun prétexte les métayers puissent en prétendre la propriété.* »

CHAPITRE II
DE L'ALIÉNATION DES LANDES COMMUNALES

Le 11 août 1789, l'Assemblée constituante consacra un principe général : les redevances et droits seigneuriaux furent abolis. On lit dans l'art. 10 de l'arrêté :

« Il est déclaré que tous les privilèges particuliers...... soit pécuniaires, soit de toute autre nature, sont abolis sans retour et demeurent confondus dans le droit commun de tous les Français. »

Les terres vaines et vagues furent attribuées aux communes (décret du 4 août 1789).

La loi des 5-10 août 1791 autorisa l'aliénation des biens communaux. Les lois des 14 août 1792 et 10 juin 1793 prescrivirent le partage de ces biens.

La loi du 21 prairial an IV suspendit ces partages, et la loi du 9 ventôse an XII déclara valables les partages faits en vertu de la loi du 10 juin 1793.

En 1819 il restait encore une quantité de biens communaux usurpés. Une ordonnance du roi du 13 juin 1819 accorda un nouveau délai de trois mois pour faire la déclaration des biens usurpés, et permit de rendre les personnes qui rempliraient cette formalité propriétaires incommutables, sous la condition de payer une certaine partie du prix ou une redevance annuelle. Voici cette ordonnance :

Ordonnance du Roi
relative à la réintégration des communes dans leurs droits sur les biens communaux usurpés (1).

« Au château des Tuileries, le 23 juin 1819.

« LOUIS, par la grâce de Dieu roi de France et de Navarre, à tous ceux qui ces présentes verront, salut.

(1) *Bulletin des Lois*, n° 290.

« Sur ce qu'il nous a été représenté que l'intérêt des communes exigeait qu'il fût pris des mesures efficaces pour réprimer les usurpations et occupations irrégulières de leurs biens opérées sans titre ni autorisation quelconques; que, les lois et décrets intervenus sur les partages de bois communaux ayant donné lieu à diverses interprétations et à des doutes sur la compétence des autorités judiciaires et administratives pour le jugement des difficultés relatives aux usurpations, l'avis du conseil d'Etat approuvé le 18 juin 1809 avait attribué le jugement des usurpations, toutes les fois qu'il s'agissait de l'intérêt d'une commune contre les usurpateurs, aux conseils de préfecture, déjà saisis de la connaissance de toutes les difficultés résultant des partages de biens communaux effectués en vertu ou par suite de la loi du 10 juin 1793; mais que les usurpateurs n'avaient été admis, ni par cet avis, ni par aucune disposition postérieure, au bénéfice de l'art. 3 de la loi du 9 ventôse an XII, qui maintient en possession, à certaines conditions, les détenteurs de biens communaux en vertu d'un partage dont il n'aurait pas été dressé acte; que dès-lors les usurpateurs, craignant de se voir dépossédés ou d'être contraints à tenir compte des fruits des portions de terrain par eux occupées depuis nombre d'années, avaient redoublé d'efforts pour dérober à l'administration la connaissance de leurs envahissements; que, d'un autre côté, les administrations locales avaient mis peu d'activité dans la recherche des biens communaux ainsi envahis, et que cette négligence pouvait être attribuée à la crainte de réduire à une ruine certaine les usurpateurs contre lesquels elles auraient dirigé leurs poursuites, et avec lesquels elles n'étaient point autorisées à transiger, lors même que des dépenses de défrichement, de plantation, de clôture ou de construction, faites sur le terrain usurpé, semblaient commander quelques ménagements.

« A quoi voulant pourvoir;

« Considérant qu'il est du plus grand intérêt pour les communes de notre royaume de rentrer dans la jouissance de leurs biens communaux usurpés, ou d'en retirer une redevance annuelle qui, en ajoutant à leurs ressources actuelles, les indemnise des pertes qu'elles ont éprouvées depuis quelques années ;

« Que si l'attribution donnée précédemment aux conseils de préfecture pour juger en matière d'usurpation de biens communaux comme en matière de partage, assure aux communes les moyens de poursuivre sans frais leur réintégration dans tous leurs droits, il nous appartient de faciliter cette réintégration en usant, au profit des communes, de la faculté résultant de la tutelle qui nous est déférée par les lois, et en les autorisant à transiger avec les usurpateurs à des conditions telles, que ceux-ci soient amenés à légitimer leur possession par un sacrifice modéré, et que les autorités municipales n'aient plus de motifs pour tolérer l'envahissement des biens communaux ;

« Notre conseil d'Etat entendu ;

« Nous avons ordonné et ordonnons ce qui suit :

« ARTICLE PREMIER. Les administrations locales s'occuperont, sans délai, de la recherche et de la reconnaissance des terrains usurpés sur les communes depuis la publication de la loi du 10 juin 1793, et généralement de tous les biens d'origine communale, actuellement en jouissance privée, dont l'occupation ne résulte d'aucun acte de concession ou de partage, écrit ou verbal, qui ait dessaisi la communauté de ses droits en faveur des détenteurs.

« ART. 2. Chaque détenteur est tenu de faire, dans le délai de trois mois à compter de la publication de la présente ordonnance, au chef-lieu de sa commune, la déclaration des biens communaux dont il jouit sans droit ni autorisation. La dite déclaration, adressée au maire, indiquera l'origine de l'usurpation, la quotité, la situation et les limites des terrains usurpés, la nature de ces biens à l'époque de l'usurpation, et les améliorations, telles que défrichements, plantations, clôtures et constructions, qu'ils auraient reçues depuis par le fait du déclarant.

« ART. 3. Les détenteurs qui auront satisfait à cette obligation pourront, sur la proposition du conseil municipal et de l'avis du sous-préfet et du préfet, être maintenus en possession définitive des biens par eux déclarés s'ils s'engagent dans les mêmes délais, par soumissions écrites et chacun pour soi, à payer à la commune propriétaire les quatre cinquièmes de la valeur actuelle desdits biens, déduction faite de la plus-value résultant des améliorations, ou une redevance annuelle égale au vingtième du prix du fonds ainsi évalué et réduit à dire d'experts.

« Ils auront droit, en outre, à la remise des fruits, qui pourraient être exigés à compter du 1er vendémiaire an XIII, pour les usurpations antérieures à cette époque, conformément aux lois sur les biens communaux illégalement partagés.

« ART. 4. Tout détenteur qui n'aurait pas rempli dans les délais déterminés les obligations et conditions prescrites par les précédentes dispositions, sera poursuivi, à la diligence du maire, devant le conseil de préfecture, en restitution des terrains usurpés et des fruits exigibles.

« Dans le cas où, par l'effet de ces poursuites, il demanderait à se rendre acquéreur desdits biens, l'aliénation ne pourra lui en être faite, le vœu et l'intérêt de la commune ne s'y opposant point, que moyennant le paiement de la valeur intégrale du fonds, sans aucune remise ni modération, et suivant toute la rigueur du droit commun.

« ART. 5. Dans aucun cas, l'aliénation définitive des biens communaux usurpés ne pourra être consommée qu'en vertu de notre autorisation, et après que toutes les formalités applicables aux actes translatifs de la propriété communale auront été remplies.

« Art. 6. Conformément aux dispositions de la loi du 9 ventôse an XII et de l'avis interprétatif du 18 juin 1809, les conseils de préfecture demeureront juges des contestations sur le fait et l'étendue de l'usurpation, sauf le cas où, le détenteur niant l'usurpation et se prétendant propriétaire à tout autre titre qu'en vertu d'un partage, il s'élèverait des questions de propriété pour lesquelles les parties auraient à se pourvoir devant les tribunaux, après s'y être fait autoriser, s'il y a lieu, par les conseils de préfecture.

« Art. 7. Notre ministre secrétaire d'État de l'intérieur est chargé de l'exécution de la présente ordonnance, qui sera insérée au *Bulletin des Lois*.

« Donné en notre château des Tuileries le 23 juin, l'an de grâce 1819, et de notre règne le vingt-cinquième.

« *Signé :* LOUIS.

« Par le roi :

« *Le Ministre secrétaire d'État au département de l'Intérieur,*

« *Signé :* Le comte Decazes. »

L'art. 6 de cette ordonnance ne dessaisit le conseil de préfecture que si l'usurpateur prétendu soutient qu'il est propriétaire. Ainsi, à la prétention d'*usurpation* par la commune il faut répondre par une prétention à la propriété.

La loi du 18 juillet 1837 sur l'administration municipale remit expressément à la commune le droit de régler la jouissance de ses biens,

D'après l'art. 17, le conseil municipal règle par ses délibérations.

. . . .

« 3° Le mode de jouissance et la répartition des pâturages et fruits communaux autres que les bois, ainsi que les conditions à imposer aux parties prenantes ;

« 4° Les affouages, en se conformant aux lois forestières. »

Le conseil municipal peut, en vertu de l'art. 19, n° 3, aliéner ou échanger des biens communaux.

L'art. 46 porte :

« Les délibérations des conseils municipaux ayant pour objet des acquisitions, des ventes ou échanges d'immeubles, le partage de biens indivis, sont exécutoires sur arrêté du préfet en conseil de préfecture quand il s'agit d'une valeur n'excédant pas 3,000 fr. pour les communes dont le revenu est au-dessous de 100,000 fr., et 20,000 fr. pour les autres communes. — S'il s'agit d'une valeur supérieure, il est statué par ordonnance du roi... ».

Les aliénations de biens communaux sont en général faites par la voie de l'adjudication publique. Mais il existe un mode spécial de transmission connu sous le nom de *concession*. On a recours à la concession lorsqu'un intérêt commande de renoncer aux avantages de la concurrence pour transmettre la chose à telle personne plutôt qu'à telle autre.

Je lis dans le *Bulletin officiel* du ministère de l'intérieur, 1857, p. 25 :

« CONCESSION À TITRE ONÉREUX. — *Question :* « Les différents actes « législatifs qui ont interdit les partages de biens communaux entre « habitants font-ils obstacle à ce que des demandes en concession de « ces biens à titre onéreux soient accueillies? »

« Les lois des 21 prairial an IV et 9 ventôse an XII, ainsi que le décret du 4 complémentaire an XIII, ont eu exclusivement en vue les partages qui avaient été autorisés par la loi du 10 juin 1793, et qui tendaient à dépouiller les communes de leurs biens au profit des habitants sans aucune compensation pour le corps moral. Elles ne s'appliquent point dès-lors aux concessions faites à titre onéreux et moyennant un prix qui doit représenter, en général, la valeur des immeubles. »

Je lis encore dans le même *Bulletin*, 1857, p. 354 :

« N° 92. — DÉCENTRALISATION ADMINISTRATIVE. — MODE D'ALIÉNATION DES BIENS COMMUNAUX. — INTERPRÉTATION DE LA CIRCULAIRE DU 5 MAI 1852. — En prescrivant le recours aux enchères publiques pour la vente des biens communaux, la circulaire du 5 mai a entendu poser la règle générale en pareille matière et non interdire formellement les concessions à l'amiable. En effet, il est des cas où des aliénations dans cette dernière forme peuvent être consenties, par exemple lorsqu'elles sont proposées en faveur de propriétaires riverains, ou que les communes doivent en retirer un avantage évident. »

Les ventes aux enchères ont toujours été mal vues dans le département des Landes, tandis que les ventes par voie de concession ont été bien accueillies. En 1836, M. Larreillet, maître de forges à Ychoux, a publié un petit écrit — intitulé : *Quelques idées sur l'amélioration dont on croit les landes susceptibles* — qui contient des idées pratiques très utiles sur ce qui concerne la vente des landes communales. J'extrais de cette excellente brochure les passages suivants :

« D'après la connaissance des localités, on estime que 240,000 hectares de landes peuvent être concédés sans nuire à la culture actuelle; cependant, si on redoute des oppositions, on pourrait n'en concéder maintenant qu'une partie, et ajourner à une époque plus ou moins éloignée la concession de la totalité.

« On craint les ventes, on préférera les concessions. Les craintes ont pour motif le mauvais emploi des fonds. Si les communes peuvent en disposer pour des besoins qu'elles se créeront, les capitaux seront promptement absorbés.

« Les concessions moyennant une rente annuelle obtiendraient l'assentiment général. Ce mode d'aliénation assure des ressources constantes; elles seraient en général suffisantes pour pourvoir aux dépenses obligées des communes. On serait, dans bien des localités, dispensé d'avoir recours à la création des centimes additionnels, toujours fatigans pour l'administration et onéreux aux contribuables.

· « Les concessions devraient être admises en principe ; les ventes en seraient la modification...

... « Il paraît utile d'imposer aux concessionnaires la condition expresse d'utiliser les landes dans un nombre d'années déterminé...

« Les landes productives seront concédées dans les proportions du labourable ou des vignes que chaque propriétaire possèdera dans la commune. On prend le labourable et les vignes pour base des concessions dans ces contrées parce que ces landes sont généralement destinées à en faire l'engrais.

« Les concessions devraient avoir lieu, dans les landes, par lots de 20 à 25 hectares. On pourrait admettre les non-propriétaires habitant la commune à participer à cet avantage ; mais la préférence serait toujours accordée au propriétaire si la concession sollicitée était contiguë à son domaine. Dans cette occurrence, on en donnerait ailleurs au prolétaire; cette propriété l'attachera au sol, et l'intéressera à veiller à la conservation du terrain nouvellement mis en culture...

... « Souvent on renouvelle les pacages par l'incinération. Les bergers, toujours imprudens, sont la cause de beaucoup d'incendies. Tout ce qui est soustrait au régime de la communauté est par eux considéré comme une spoliation : si le feu gagne les plantations, ils dédaignent de l'éteindre ; la nuit cache souvent leurs forfaits.

« Le colon voit l'incendie des semis avec indifférence, obligé d'aller chercher plus loin la litière dont on le prive pour quelques années. S'il en aperçoit l'auteur, il cache le crime ; parfois il en devient complice.

« Si le non-propriétaire habitant la commune obtient une concession, il veillera à la conservation de son lot. En le soignant, il soignera aussi ceux qui lui sont contigus, dans la crainte que sa propriété devienne la proie des flammes...

... « A qui des ventes et des concessions donner la préférence? Avant de s'occuper du choix, il est indispensable d'obtenir l'assentiment des conseils municipaux, qui presque généralement s'opposent à toute aliénation, parce que selon eux les landes suffisent à peine à la nourriture des troupeaux. Rien ne peut vaincre leur obstination, et cependant cette contrée du département ne peut demeurer dans une position plus pénible qu'en 1789 ; avant cette époque, on concédait des landes sans difficulté.

« L'intérêt général, celui du Trésor, les besoins de la population, tout se réunit pour qu'on modifie la loi sur le régime communal.

« Les ventes aux enchères auront l'inconvénient d'appeler des étrangers, même des compagnies, qui par spéculation achèteront de grandes quantités des landes sans que leur jouissance puisse être modifiée. Ils seront repoussés par les habitants. On a dit quel est le résultat de ces oppositions (l'incendie).

« Les concessions moyennant une rente, et avec réserve du parcours quand les arbres seront défensables, droit que la commune, être moral, transmettra aux générations futures, paraissent ne pas avoir le même inconvénient. Il est certain qu'elles éprouveront moins d'oppositions que leur vente. S'il en survient, il importe qu'elles soient jugées par des hommes de la localité, chargés de la confiance de leurs concitoyens pour défendre leurs droits aux conseils d'arrondissement et de département. »

Le vicomte de Mélivier, dans son livre *De l'Agriculture et du Défrichement des landes*, p. 224 (1839) s'exprime ainsi :

« Que serait-ce donc si l'aliénation de ces landes était faite aux enchères, et amenait pour acquéreur un homme, une compagnie entreprenante, avec les idées d'un défrichement général fondées sur de grandes ressources pécuniaires? C'est alors que le conseil municipal qui aurait laissé vendre ses communaux aurait des reproches à se faire, à recevoir, et qui seraient bien mérités.

« Ce serait bien autrement dans le partage des landes communales entre tous les communistes. Alors ceux-ci auront à voir s'il est de leur intérêt de défricher ou conserver ces bruyères, la part de landes qui leur sera afférente. Ils tiendront des bestiaux, en proportion de leurs pâturages, et contribueront aux charges en proportion de leurs propriétés; ils pourront, s'ils le veulent, former un nouvel établissement sur ces landes au profit de leurs enfants. Ainsi, l'indivision cessant parce qu'elle est tombée en désuétude, parce qu'elle est contraire à la raison et aux lumières de ce siècle, facilitera l'accroissement de la population, l'amélioration des cultures, et plus encore celle des mœurs, en leur faisant apprécier le respect dû à la propriété, parce qu'ils seront propriétaires. Au lieu de les voir à l'envi incendier, dévaster ces landes, ces pâturages, ne respectant pas même les bois particuliers, parce que leur esprit malfaisant, semblable à ces génies infernaux, se rit du mal qu'il fait aux autres, parce qu'il a aussi ses droits à la propriété commune...

... « En résumé :

« 1° l'aliénation des landes et pâturages communaux ne peut avoir lieu sans nuire aux intérêts des communes.

« 2° Le seul mode avantageux est le partage de ces landes et pâturages communaux entre tous les communistes, dans une proportion déterminée relativement à la contenance totale de ces

communaux, et à celle des champs, vignes, prés, jardins, chéne-
vières, ayant besoin d'engrais.

« 3° Si en sus de la quantité de landes et pâturages communaux
reconnus nécessaires aux champs, vignes, etc., dont il a été parlé
au n° 2, il s'en trouve au-delà, il sera bon, avant le partage, de faire
un cantonnement de cet excédant, que la commune fera vendre, ou
semer en bois et clore pour avoir dans l'avenir une ressource. Mais
il faudrait que cette quantité fût assez considérable pour compenser
les frais de culture et de garde ; sinon il vaudrait mieux la vendre.

« 4° Comme il y a des communes qui ont peu de ressources et
des besoins excédant ces ressources, il conviendrait que les part-
prenants payassent une indemnité proportionnée, non à titre de
rentes (ce qui aurait de graves inconvénients, dont le moindre ne
serait pas la difficulté du recouvrement), mais une somme une fois
payée et placée, pour que la commune, si elle n'avait pas de besoins
pressants, pût en retirer l'intérêt, à ce qui leur serait alloué, selon
l'estimation qui en serait faite par des experts. Par ce moyen, on
libérerait la commune, et l'on éviterait l'établissement d'une imposi-
tion extraordinaire qui retomberait toujours sur les part-prenants. »

Je détache du procès-verbal des délibérations du conseil général
des Landes (session de 1840) le rapport suivant :

Aliénation des Biens communaux.

Le rapporteur de la 3ᵉ commission fait son rapport sur le n° 80
(*Communaux*) :

« Sur la communication qui lui a été donnée par M. le préfet
d'une dépêche ministérielle du 18 juillet dernier, relative à une aliénation de communaux à Luxey, de laquelle il semblerait résulter que
le mode préférable serait la vente aux enchères, au lieu des concessions directes faites sur soumissions individuelles, telles qu'elles ont
été le plus souvent pratiquées jusqu'ici :

« Considérant que la vente aux enchères dans ce pays n'est utile
et sans inconvénients que dans les cas ci-après :

« 1° Si l'immeuble est productif de récoltes travaillées de main
d'homme ;

« 2° Si la vente comprend des bâtiments ou constructions quelconques ;

« 3° S'il s'agit de parcelles de peu d'importance au milieu des
bourgs ou villages ;

« 4° Si l'étendue des communaux est tellement circonscrite qu'elle
ne pût se prêter à un partage dans le cas où la loi l'autoriserait, et
qu'un petit nombre seulement des propriétaires de la commune par-
ticiperait aux concessions ;

« Que dans tous les autres cas, sans exclure la vente aux enchères,
mais en l'admettant comme mode concurrent d'aliénation, les con-

cessions doivent généralement être accompagnées d'une grande faveur ;

« Considérant que l'exécution des lois et ordonnances qui ont admis les particuliers possesseurs sans droit de biens communaux à en faire la déclaration, pour en être reconnus propriétaires aux conditions indiquées, a été un bienfait pour le département ; qu'on doit à cette mesure salutaire un accroissement très considérable des cultures et des forêts de pins, et la cessation de toute fâcheuse incertitude dans la propriété d'immenses étendues de vacans ; que si les lois et ordonnances précitées paraissaient actuellement avoir besoin d'une nouvelle consécration, on devrait s'empresser de la donner ; que leur désuétude serait en effet une calamité pour le pays des Landes, dans lequel, sous les anciennes coutumes, existait presque partout la facilité indéfinie de s'approprier les vacans moyennant les formalités les plus simples et à la seule condition de ne pas nuire au voisin ;

« Que la transmission des vacans aux communes par l'effet des lois de la Révolution n'a pas changé les besoins de la contrée, et que si les vieilles coutumes ne peuvent pas revivre, il convient au moins de choisir dans la législation existante les procédés qui s'en éloignent le moins ; qu'après tout, à cet ancien régime, qu'on proscrirait injustement, sont dus les maisons, les champs et les bois conquis sur les landes, dont il reste encore plus de *trois cent mille hectares* ;

« Considérant que les ventes aux enchères dans le pays de parcours, si elles étaient admises comme règle, deviendraient bientôt impossibles, 1° parce qu'elles jetteraient le trouble dans les communes, les aliénations devant être concertées entre tous, de manière à ne gêner trop brusquement aucun intérêt ; 2° parce que l'interposition d'un adjudicataire qui ne serait pas le propriétaire le plus voisin de la lande vendue, deviendrait une cause permanente de querelle et peut-être une provocation à l'incendie par les bergers ; 3° parce qu'il ne se trouverait plus un conseil municipal pour voter une vente de communaux : de telle sorte que la protection irréfléchie et d'ailleurs inutile qu'on prétendrait donner à l'intérêt communal produirait pour effet la perpétuité de l'inculture ;

« Considérant que si quelquefois, en matière de concession comme en toute autre, l'abus a pu prendre la place du droit, la vigilance de l'administration suffit à guérir ce mal ; mais que, pour le prévenir, il serait insensé de rendre le bien impossible ;

« Le conseil général invite M. le préfet à laisser aux concessions des landes communales le libre cours qu'elles ont eu sous l'administration de ses prédécesseurs, et à faire exécuter les lois et ordonnances sur la matière ;

« A provoquer, s'il y a lieu, le plus actif concours de l'autorité supérieure, la confirmation ou même l'extension des facultés que la législation lui confère ;

« Enfin, à n'admettre la vente aux enchères qu'en quelque sorte comme exception, et seulement dans les circonstances où l'agriculture, la bonne harmonie entre les habitans et la paix publique n'y devront pas souffrir. »

On lit encore dans le procès-verbal des délibérations prises par le conseil général des Landes dans sa session de 1846 la délibération suivante :

Communaux

« Sur la communication qui lui est faite par M. le préfet du vote émis par le conseil général d'agriculture, relativement aux biens communaux :

« Le conseil, conformément aux conclusions de la 3e commission, s'appropriant la délibération prise par le conseil général en 1843, décide qu'elle sera transcrite dans le procès-verbal, et la reproduit textuellement ainsi qu'il suit :

« Vu la circulaire de M. le Ministre de l'Intérieur en date du
« 5 juillet dernier, par laquelle, entr'autres questions, est soumise
« aux Conseils généraux celle ci-après :

« *Quel est le meilleur emploi à faire des communaux? Faut-il*
« *les laisser tels qu'ils sont aujourd'hui? ou les louer à court bail,*
« *ou à long bail, ou bien les partager ou les vendre?* »

« Le Conseil général fournit sur la question complexe ainsi
« posée, les explications suivantes, en se bornant à ce qui, dans
« les questions posées, peut concerner le département :

« Les vacans ou landes des communes n'ont pas été partout dans
« le département assujettis au même régime. La diversité des cul-
« tures, commandée par la nature du sol, a amené dans la jouis-
« sance des arrangemens divers.

« Dans certaines contrées hors du pays des Landes, l'étendue
« entière des vacans demeurait en commun : le passage à tous, la
« dépouille végétale, au premier occupant. Cet état de choses, là où
« il existe encore (sur la rive gauche de l'Adour), est le plus
« misérable qui se puisse imaginer.

« Ailleurs, toujours dans des territoires analogues, la dépaissance
« étant toujours commune, on cantonnait les coupes de soutrage.
« Chaque propriétaire de la paroisse recevait en assignation une
« étendue de landes proportionnée à celle de ses cultures, et lui
« seul rasait la superficie dans les limites de son lot. Il ne résultait
« de ces cantonnements qu'une jouissance précaire, qui dure encore
« dans certaines communes, et qui ne pourrait se transformer
« jamais en pleine propriété.

« Sur quelques points, les communaux étaient regardés comme

« les annexes des héritages ruraux existant dans la paroisse à une
« certaine date, exclusivement à ceux qui se seraient formés depuis.
« Cette situation est une sorte d'indivision entre co-propriétaires
« plutôt qu'une possession communale.

« Dans les communes landaises qui formaient le vaste ressort de
« l'ancienne coutume de Dax, mais dans celles seulement qui
« avaient racheté les droits féodaux, sauf la foi et hommage, les
« vacans de la paroisse passaient dans le domaine privé moyennant
« un envoi en possession prononcé par le juge, sur déclaration de
« *perprise* (c'était le nom coutumier) de la part de l'occupant, et
« après jugement des oppositions quand la publication de la demande
« en avait fait naître. Il n'y avait aucun prix ni rente à payer
« à quiconque, chacun étant censé prendre ce qui lui appartenait.

« Dans le reste du pays des Landes, là où le seigneur avait con-
« servé son autorité féodale, lui seul disposait des vacans par des
« *baux à fiefs* portant à son profit une légère rente (1 sou par
« journal), depuis éteinte comme entachée de féodalité. Les deman-
« des de bail à fief étaient facilement accordées, parce que le cens,
« figurant dans les dénombremens, grossissait l'importance en
« même temps que le revenu de la seigneurie.

« Les patrimoines les plus beaux ne se sont pas formés sur cette
« vaste surface qui s'étend de l'Adour à la Garonne autrement que
« par *perprise* ou *bail à fief.* La plus petite fraction du domaine
« privé peut avoir une origine plus ancienne ; mais on n'y saurait
« remonter.

« Ceux qui ont suivi avec quelque attention, ou même par l'effet
« d'une simple curiosité, le mouvement progressivement ascendant
« de la propriété privée grandissant aux dépens du vacant, peu-
« vent affirmer qu'avant la révolution de 1789 le progrès était
« rapide et manifeste, même à chaque maniement des terriers. Les
« perprises et baux à fiefs embrassaient des centaines d'hectares
« d'une seule pièce.

« Les lois révolutionnaires de *partage* furent exécutées dans un
« certain nombre de communes de riche culture. Il y eut d'abord
« perturbation agricole au milieu de troubles politiques bien plus
« graves ; mais après peu d'années toute trace de violence avait
« disparu. L'agriculture fleurissait de plus en plus, et on peut dire
« que les communes les plus riches de la rive gauche de l'Adour
« sont celles qui n'ont plus de communaux, soit qu'elles les aient
« partagés en 1793, soit que le partage en ait été fait bien aupara-
« vant. Les mêmes résultats dans les mêmes contrées suivraient
« incontestablement les aliénations plus mesurées qu'on décréterait
« aujourd'hui.

« Dans les landes proprement dites, la loi qui ordonnait ou auto-
« risait le partage ne s'exécuta pas. A peine en avait-on besoin. La

2

« *perprise* ancienne était bien préférable, parce qu'elle était succes-
« sive et limitée par l'opposition des voisins ; mais elle avait cessé,
« le *bail à fief* n'existait plus par l'abolition des droits seigneuriaux ;
« mais on suppléa largement à l'un et à l'autre de ces moyens d'ac-
« quérir par des usurpations constantes sur le vacant.

« Nul ne saurait nombrer les milliers d'hectares que l'usurpation
« réunit à la propriété privée dans quatorze ou quinze cantons du
« département. La plupart de ces entreprises ont été couvertes par
« la tolérance universelle et par la prescription. Les autres ont été
« régularisées en vertu des lois et ordonnances de l'an XI et de 1819.
« Aujourd'hui même l'usurpation continue et demeure souvent im-
« punie. Autrement, elle se confond dans des aliénations autorisées
« qui ne font que consacrer des prises de possession antérieures.

« On peut avancer, sans crainte d'exagération, que les vacans ont
« ainsi cédé à la propriété privée, depuis cinquante ans, le quart au
« moins de l'étendue des propriétés privées, telle que la surface en
« avait pu être constatée lors de la formation des premières matrices
« en 1791. On peut avancer encore que les matrices et les terriers
« qui les avaient précédées n'étaient à peu près que le catalogue des
« perprises ou des concessions seigneuriales faites sur le vacant
« depuis quatre siècles.

« C'est ainsi que les landes, dans quinze cantons, se sont trou-
« vées réduites à la contenance encore énorme de 300,000 hectares
« environ, tandis que les terres cultivées et les bois de plus attei-
« gnaient ensemble et lentement le nombre de 245,000 hectares.

« De l'exposé qui précède, le conseil général doit conclure que les
« landes communales ne peuvent, *ne doivent pas rester dans l'état*
« *où elles sont*. Le pays a trop gagné à leur insensible transfor-
« mation pour que l'on ne cherche pas à en reprendre le cours. Les
« moyens d'appropriation des vacans, tels qu'ils étaient autorisés
« par les anciennes lois, n'existant plus, il y a lieu d'y suppléer par
« la loi nouvelle.

« Des divers moyens d'utiliser les communaux, le conseil général
« commence par exclure *le bail à court ou à long terme*. L'expé-
« rience ne permet pas de s'arrêter un seul instant à ce mode de
« jouissance ; il perpétuerait partout l'inculture et la vacuité. Nulle
« part on ne défricherait, on ne planterait ; après les périodes les
« plus longues, on n'aurait encore que des landes rases. Ceci s'ex-
« plique dans le pays, en ce que le meilleur et le plus clair moyen
« d'utiliser le vacant est presque partout la conversion en bois, et
« que nul ne plante ou ne sème des forêts pour les délaisser quand
« elles sont venues. Il faut, pour des entreprises de ce genre, le
« sentiment de la propriété dans toute sa plénitude. Il faut, pour
« l'avenir, quelque chose de semblable à ce qui a été pratiqué dans
« le passé.

« On est ainsi conduit à la nécessité d'aliéner.

« Mais dans quelles proportions? sous quelle forme? avec quels
« ménagemens? à quelles conditions? C'est ce qui reste à examiner.

« Le *partage* proprement dit n'est pas admissible dans les Landes :
« il serait une source de désordres et de discorde. Par *feu*, par *tête*,
« il serait un contre-sens, les vacans n'étant réservés que pour
« fournir les moyens d'engrais aux terres en culture et le pâturage
« aux troupeaux, immeubles par destination pour la presque tota-
« lité. Si le partage se faisait proportionnellement aux cultures,
« comme les cantonnements de jouissance dont il a été parlé plus
« haut, on en exclurait l'habitant non-propriétaire ou le simple
« possesseur de maison, ce qui, depuis la régénération des com-
« munes, pourrait passer pour une injustice.

« La *vente aux enchères*, seul mode qui, hors le cas d'usurpation
« déclarée, soit aujourd'hui consacré, n'est possible que par excep-
« tion et pour des quantités minimes. Avec ce procédé il faudrait
« plus de temps pour transformer ce qui reste de vacant qu'il nous
« en a fallu pour arriver à la situation présente, en parlant de
« l'époque à laquelle le pays entier était un désert.

« Les communistes refusent de se prêter à un système d'aliéna-
« tion qui, leur donnant les étrangers pour concurrens, les expose
« à voir leurs vacans devenir l'objet de spéculations ruineuses pour
« eux, ou bien couverts en masse et subitement de semis et de
« gardes que ne dirige aucun intérêt agricole local, d'où naît une
« cause de perturbation très grave. En d'autres termes, la vente
« aux enchères, sauf quelques cas exceptionnels et restreints, est
« une sorte de révolution. Est-il étonnant que les conseils muni-
« cipaux hésitent ou même dénient leur concours?

« Ici le conseil général doit faire remarquer (observation qui
« justifiera les conclusions auxquelles il arrivera) que lorsqu'il
« s'agit d'agriculture, l'uniformité rigide des règles est un malheur
« et ne sert qu'à perpétuer le mal. Lorsque l'on ne peut faire une
« bonne chose que d'une façon inadmissible, on ne la fait pas du
« tout. Si la règle était flexible avec les garanties convenables, le
« progrès se réaliserait. N'est-il pas étrange de voir, d'un côté, le
« code civil renvoyer aux usages pour ce qui concerne la plupart
« des intérêts ruraux, et le législateur reculer devant la promul-
« gation d'un code en ces matières ; tandis que, de l'autre côté,
« l'administration se croit forcée d'imposer exclusivement à l'alié-
« nation des vacans la forme des enchères, dont on ne peut vouloir
« que rarement?

« Le développement des considérations qui doivent décider à
« consulter, pour chaque département et chaque commune, sa situa-
« tion et les intérêts particuliers, conduirait trop loin. On se con-
« tente d'énoncer ici que rien n'est possible si cette première loi

« n'est pas observée ; c'est surtout en cette matière que l'usage local
« doit tenir une grande place dans la loi, et que la loi elle-même,
« dans ses dispositions capitales, doit laisser une grande liberté,
« une grande autorité aux corps électifs chargés de représenter ou
« de protéger la commune.

« La transmission du vacant à titre incommutable et en pleine
« propriété est une indispensable nécessité aux yeux du conseil géné-
« ral. Il ne se sert pas toutefois du mot rente, qui ne rend pas
« exactement, dans son acception vulgaire, le genre d'aliénation le
« seul praticable à ses yeux sans trouble et sans dommage. Cepen-
« dant les actes de transmission auront bien les effets de la vente :
« ils feront cesser la propriété collective ; ils viendront agrandir
« le domaine privé. Il y aura un prix au profit de la commune,
« grevée aujourd'hui de tant de charges diverses, qu'il est urgent
« de lui créer des ressources que la communalité des landes ne lui
« donne pas.

« Le conseil général n'a ni la prétention ni le temps de formuler
« sacramentellement l'exécution des vues auxquelles il s'arrête ; il
« ne peut qu'indiquer les bases principales de la décision dans la
« généralité des cas. Les préliminaires qu'il indique en faciliteront
« l'application à chaque espèce :

« 1° Le consentement des conseils municipaux, qui néanmoins
« seront toujours consultés, ne serait pas absolument indispensa-
« ble pour l'aliénation des communaux à l'état de landes ou va-
« cans. Il continuerait de l'être seulement pour les immeubles
« productifs de récoltes ou loyers. Le consentement à l'aliénation
« dans le premier cas serait remplacé par l'avis du conseil d'arron-
« dissement et l'assentiment formel du conseil général, après en-
« quêtes administratives. La délibération du conseil général règle-
« rait les conditions. L'ordonnance royale autoriserait, s'il y avait
« lieu. L'initiative serait, dans tous les cas, réservée au préfet.

« 2° La première opération consisterait à déterminer, dans l'état
« actuel, l'étendue et les limites des terres quant à présent ré-
« servées pour les pâturages. Le surplus serait aliénable par par-
« celles et successivement, selon les quantités. L'aliénation con-
« sommée, on pourrait examiner s'il n'y aurait pas lieu d'en
« préparer de nouvelles avec les mêmes précautions.

« 3° L'aliénation n'aurait lieu que sous forme de licitation entre
« co-propriétaires, à l'exclusion de ceux qui n'habitent pas la com-
« mune ou n'y possèdent point d'immeubles en culture.

« 4° Le prix consisterait dans une rente annuelle au profit de la
« commune, ou dans un capital dont le remboursement, sauf l'in-
« térêt annuel, n'aurait lieu qu'au bout d'un certain temps. L'obli-
« gation de payer comptant écarterait quelquefois les habitans les
« plus dignes d'intérêt.

« 5° Les terres ainsi aliénées continueraient, si le conseil muni-
« cipal le jugeait nécessaire, d'être en tout ou en partie affectées
« au parcours des bestiaux. Le parcours serait suspendu, s'il y avait
« semis ou plantation, jusques à l'époque où les bois n'auraient
« plus à en souffrir ; il cesserait définitivement à l'égard des
« terres mises en culture ou dépendantes des maisons d'habita-
« tion : c'est là l'usage général du pays. Cette clause serait toute-
« fois inutile dans les communes qui n'élèvent pas de grands
« troupeaux de bêtes à laine.
« Le conseil général pense même que, moyennant l'accomplisse-
« ment de ces conditions, l'aliénation, après estimation préalable,
« pourrait être *directement* et sans enchères consentie aux habi-
« tants mais à eux seuls. Ce mode, auquel on avait donné le nom
« de *concession*, n'a produit que de bons résultats. Seulement, pour
« éviter tout abus, ce genre de transmission ne pourrait se faire
« que par masses et pour tous les demandeurs d'une commune en
« même temps. On provoquerait les demandes ; on ouvrirait les
« enquêtes ; on concilierait les réclamans, les opposans, les deman-
« deurs. Lorsqu'il n'y aurait plus ni réclamation ni opposition rai-
« sonnable, le conseil municipal serait consulté sur la nécessité
« d'aliéner ; et, quel que fût son avis, la proposition communiquée
« au conseil d'arrondissement, soumise au conseil général, et par
« celui-ci approuvée, motiverait l'ordonnance qui autoriserait à
« passer acte de vente.
« En se reportant à l'exposé qui commence les présentes explica-
« tions, on se convaincra sans peine que le conseil général, éclairé
« par une expérience plus que séculaire, puise ses convictions
« dans les faits, et qu'il ne demande qu'à continuer, avec l'aide
« d'une législation intelligente, l'œuvre si bien commencée sous
« l'empire des vieilles lois. Les innovations ne sont pas toutes
« heureuses, et c'est surtout à l'égard des communaux que la Ré-
« volution de 1789 n'a pas fait du bien dans ces contrées. »

En 1849, le conseil général des Landes, après la lecture de re-
marquables rapports faits par MM. Victor Lefranc, Bastiat et Poyferé
de Cère, sur les biens communaux ; après une discussion approfondie
dans laquelle prirent part M. le préfet et M. Dulau, « déclare que
« dans son opinion la commune seule est propriétaire du commu-
« nal, et non les communiers. »

La deuxième question a pour objet la possibilité d'aliéner.

« Cette question étant mise aux voix, le conseil déclare que le
« droit d'aliénation doit être accordé aux communes. »

La troisième question est relative aux formalités à remplir pour
arriver à l'aliénation.

Les conclusions suivantes sont mises aux voix et adoptées :

« Les règles en vigueur seront suivies pour l'instruction des de-
« mandes d'aliénation des biens communaux ; et, en cas de diver-
« gence entre la commune et l'administration, il en sera référé au
« conseil général, qui statuera en dernier ressort. »

J'arrive à la mesure spéciale qui a été prise pour l'assainissement
et la mise en valeur des terrains communaux qui forment la ma-
jeure partie du département des Landes et une partie du département de la Gironde : je veux parler de la loi du 19 juin 1857, qui
a produit des résultats féconds, des effets utiles, au double point de
vue de l'assainissement et de la mise en valeur par la culture du
pin. Grâce à cette loi et aux améliorations que le cours naturel des
choses a produites, les Landes ont pris un nouvel aspect. L'homme
a su fertiliser par son industrie ces déserts que la nature semblait
toujours condamner à la stérilité. Comme cette loi intéresse particulièrement notre pays des Landes, je crois utile d'en donner ici
la teneur, l'exposé des motifs, le rapport fait au nom de la commission chargée d'examiner le projet de loi, et le décret des 28 avril
7 mai 1858 portant règlement d'administration pour son exécution.

CHAPITRE III

PROJET DE LOI RELATIF A L'ASSAINISSEMENT ET A LA MISE EN
CULTURE DES LANDES DE GASCOGNE, PRÉSENTÉ AU CORPS
LÉGISLATIF LE 28 AVRIL 1857.

« Art. 1er Dans les départements des Landes et de la Gironde, les
terrains communaux actuellement soumis au parcours du bétail
seront assainis et ensemencés ou plantés en bois aux frais des communes qui en sont propriétaires.

« Art. 2. En cas d'impossibilité ou de refus de la part des communes de procéder à ces travaux, il y sera pourvu aux frais de l'Etat,
qui se remboursera de ses avances, en principal et intérêts, sur le
produit des coupes et des exploitations.

« Art. 3. Les ensemencements ou plantations ne pourront être faits
annuellement, dans chaque commune, que sur le douzième au plus,
en superficie, de ses terrains, à moins qu'une délibération du conseil
municipal n'autorise les travaux sur une étendue plus considérable.

« Art. 4. Les parcelles de terrains communaux qui seront susceptibles d'être mises en culture seront, après avoir été assainies, vendues ou affermées par la commune.

« Les avances qui auraient été effectuées par l'Etat seront prélevées sur le prix.

« Art. 5. Les travaux prescrits par les articles précédents ne pourront être entrepris qu'en vertu d'un décret impérial rendu en conseil d'Etat, qui en réglera l'exécution.

« Ce décret sera précédé d'une enquête et d'une delibération du conseil municipal intéressé.

« Art. 6. Des routes agricoles, destinées à desservir les terrains qui font l'objet de la présente loi, seront exécutées aux frais du Trésor public. Le réseau de ces routes sera déterminé par des décrets rendus en conseil d'Etat.

« Art. 7. Les terrains nécessaires à l'établissement de ces routes seront fournis par les communes traversées.

« Si elles n'en sont pas propriétaires, ils seront acquis par elles dans les formes déterminées par la loi du 21 mai 1836 pour les chemins vicinaux.

« Art. 8. L'entretien de ces routes restera à la charge de l'Etat pendant cinq ans, à partir de leur exécution; et ultérieurement à la charge soit du département, soit des communes, suivant le classement qui en aura été fait en routes départementales ou en chemins vicinaux de grande communication.

« Art. 9. Un règlement d'administration publique déterminera :

« 1° Les règles à observer pour l'exécution et la conservation des travaux ;

« 2° Le mode de constatation des avances qui seraient faites par l'Etat, et les mesures propres à assurer leur remboursement en principal et intérêts ;

« 3° Les formalités préalables à la mise en vente ou en location des terrains assainis et destinés à la culture, conformément à l'art. 4 ;

« 4° Enfin, toutes les autres dispositions propres à assurer l'exécution de la présente loi. »

Exposé des motifs

« MESSIEURS,

« L'empereur, préoccupé de toutes les questions qui se rattachent à la fertilisation du sol, a porté son attention sur les landes de Gascogne. On ne saurait oublier les paroles par lesquelles Sa Majesté vous annonçait le projet de loi que nous vous apportons : « Les progrès de l'agriculture doivent être un des objets de notre constante sollicitude, car de son amélioration ou de son déclin date la prospérité ou la décadence des empires. »

« Cette pensée si vraie nous inspire à tous un sentiment profond de tristesse quand, jetant les yeux sur la carte de France, nous voyons, entre les fertiles vallées de la Garonne et de l'Adour, un espace immense; situé sous un des plus beaux climats, voué à la solitude et à la stérilité.

« Dans cette vaste superficie inculte et désolée qui s'étend des coteaux de la Chalosse et de l'Armagnac jusqu'à la mer, et se prolongs sur les deux départements des Landes et de la Gironde, les landes proprement dites comprennent une étendue de 635,594 hectares, sur lesquels les landes communales représentent 408,949 hectares, savoir : 275,000 hectares dans le département des Landes, et 133,949 hectares dans le département de la Gironde.

« Depuis longtemps, Messieurs, le problème de la mise en culture de cette malheureuse contrée s'est posé devant les gouvernements qui se sont succédé, et agite les esprits qui s'adonnent à l'étude des questions économiques. La pratique et la spéculation ont, à leur tour, apporté leur contingent d'efforts dans cette lutte de l'intelligence et du travail humain contre des obstacles que la nature n'a peut-être pas faits invincibles, mais à l'égard desquels l'exigence d'un résultat immédiat serait presque toujours une cause d'insuccès. Vouloir défricher les landes et les convertir en terres arables, ce serait marcher en sens inverse des leçons de l'expérience, s'exposer à des mécomptes, et compromettre une transformation que le temps seul peut accomplir utilement. La conclusion à tirer des faits serait donc qu'il faut procéder avec lenteur, et attendre d'un moyen intermédiaire entre la lande nue et la pleine culture la solution d'un problème aussi intéressant pour la richesse publique. Quant aux mesures que le gouvernement vous propose pour l'emploi de ce moyen régénérateur des landes, vous ne leur contesterez pas au moins le mérite de l'opportunité ; car il entre certainement dans vos vues en vous offrant la possibilité d'augmenter d'une manière notable, après un certain nombre d'années, notre production en céréales, dont l'insuffisance ne s'est que trop douloureusement révélée. Sous ce rapport, sans doute, il serait désirable qu'après les travaux d'assainissement qui font l'un des objets principaux du projet de loi, on pût franchir la période préparatoire pour arriver droit au but et recueillir enfin des récoltes sur ce sol si longtemps rebelle ; mais les difficultés qui s'opposent à sa mise en culture sont de deux sortes : les unes proviennent de sa composition géologique et de la stagnation des eaux ; les autres, du mauvais régime d'administration des biens communaux.

« L'argile, dont le mélange avec les sables dans de certaines proportions est nécessaire à la culture des céréales et des prairies, manque dans les Landes presque partout, et ne se trouve que dans les couches inférieures. L'humus n'existe, en faible quantité, que sur certains points et à des distances éloignées. Cette constitution du sol s'oppose à la culture des céréales. Tel est le motif des déceptions qui ont suivi certaines entreprises dont l'objet était d'introduire sans transition des cultures ordinaires dans les landes du pays.

« D'un autre côté, les eaux manquent d'écoulement, et l'on trouve à chaque pas des lagunes dont les émanations pestilentielles suffiraient pour arrêter le développement de la population. Voici l'origine de cet état de choses :

« Sur les bords de la mer, les sables accumulés par l'action des vents forment une zone de dunes, c'est-à-dire de sables mouvants, dont la largeur varie de 2 à 8 kilomètres, et qui s'élèvent souvent à plus de 50 mètres au-dessus du sol primitif qu'elles recouvrent. Ces dunes opposent un obstacle absolu à l'écoulement des eaux vers la mer : de là les étangs qui se rencontrent uniformément le long de la chaîne des dunes, dont la fixation est aujourd'hui en pleine voie d'exécution. Les landes, placées en arrière, reposent sur une couche de tuf de 30 centimètres à 1 mètre d'épaisseur, désignée dans le pays sous le nom d'*alios*, et composée de sables agglutinés par un ciment formé de matières organiques. Cette couche de tuf est entièrement imperméable ; et comme la superficie du sol provient de sables transportés et étalés au gré des vents sur la couche d'alios, ces bancs de sable, généralement accidentés, forment des plateaux parsemés de vastes récipients, dont les bords relevés produisent des cuvettes dont la profondeur a quelquefois plusieurs mètres.

« Dans la partie inférieure des cuvettes il existe des tourbes mêlées à des concrétions ferrugineuses, et l'on y trouve surtout une masse assez considérable de terreau, qui pourra dans l'avenir transformer les Landes en une riche contrée agricole, mais que ses principes acides rendent aujourd'hui impropres à la fertilisation.

« Comme si ce n'était pas assez de ces difficultés naturelles, l'homme y ajoute encore des pratiques désastreuses. Ainsi, les landes communales, condamnées à l'abandon et à l'insalubrité, sont exclusivement soumises à la dépaissance d'un maigre bétail ; et, dans l'espoir de faire pousser des herbes nouvelles, les bergers les soumettent au régime dangereux des incendies, qui détruisent toute végétation, et qui parfois prennent des proportions effrayantes. C'est ainsi que les années 1755, 1803 et 1822, sont restées tristement célèbres par les incendies généraux qui ont ravagé ce malheureux pays.

« On comprend aisément les vices d'une pareille constitution géologique. La couche supérieure, détrempée pendant une grande partie de l'année, ne présente pas une surface assez consistante pour y circuler à cheval ou en voiture ; et les échasses sont, pour les pauvres habitants des Landes, le seul moyen de locomotion.

« Lorsque l'époque des chaleurs arrive, l'action solaire dégage les miasmes que renferme cette couche fangeuse, ainsi que les gaz méphitiques produits par les décompositions de l'*alios*; il en résulte des fièvres paludéennes et des maladies en quelque sorte constitutionnelles, sous un ciel admirable et une température moyenne qui permettraient d'obtenir deux récoltes par année si ces déplorables conditions venaient à être modifiées.

« Cependant le sol des Landes, tel que nous l'avons décrit, est éminemment propre à un genre de culture qui, pour se développer assez rapidement, n'exige ni travaux coûteux, ni amendements, ni engrais, ni irrigations. Les sables qui le composent se prêtent merveilleusement à la végétation forestière. Le pin maritime, qui est l'un des arbres les plus précieux, le chêne ordinaire, le chêne liège, le pin de Riga et le sapin des montagnes, peuvent également croître et prospérer dans les Landes, qui d'ailleurs renferment certaines parcelles susceptibles d'être, après le desséchement, immédiatement défrichées.

« Tel est, Messieurs, l'état actuel des Landes. Le gouvernement a résolu de les améliorer, en les assainissant et en y développant surtout la sylviculture.

« Nous pensons que vous donnerez une sympathique adhésion à ce projet, qui ne sera qu'une application nouvelle et fructueuse des travaux de Brémontier et du décret du 14 décembre 1810, qui ont protégé le territoire contre l'invasion des dunes, et, tout en conjurant un danger public, créé pour la France une importante richesse forestière.

« La loi qui vous est présentée a l'avantage d'être un bienfait pour des communes déshéritées, dont elle respecte les habitudes et même les préjugés, qui disparaîtront bientôt devant les lumières de la raison et les sollicitations de l'intérêt. Elle n'imposera au Trésor que des charges modérées dont vous serez les régulateurs, et qui se résoudront à la longue en bénéfices, puisque l'État sera remboursé dans ses avances en capital et intérêts, et que par l'impôt direct il trouvera, dans ces améliorations, un supplément de revenus. Enfin elle évite le moyen extrême de la vente totale ou partielle de ces communaux improductifs et insalubres, auxquels cependant les habitants tiennent par tant de liens, et dont la dépossession serait une cause de ruine pour ceux qui élèvent du bétail, et une cause de désaffection pour tous.

« L'article 1er pose le principe que les communes devront assainir et planter d'arbres les landes communales soumises au parcours du bétail. C'est là une dérogation au droit qu'ont eu jusqu'à ce jour les communautés, de jouir et de disposer des landes qui leur appartiennent comme bon leur semblait ; mais ce n'est pas une dérogation aux principes constitutifs de la propriété en France, car, d'après l'article 544 du code Napoléon, on ne peut faire de sa propriété un usage prohibé par les lois et les règlements. Or les landes, par leur insalubrité et leur stérilité, sont de nature à être assimilées aux marais, qui de tout temps ont été soumis à des règles particulières. En vertu des droits de police qui lui appartiennent, l'État aurait donc le droit d'ordonner, d'une manière générale, que les landes seront plantées et assainies, de même que les marais doivent être desséchés et cultivés. Mais, comme il s'agit do venir en aide à des populations souffrantes, bien plutôt que de faire une application nouvelle de nos lois de police, il convenait que les communes fussent appelées, de préférence à tous autres, aux bénéfices de la loi nouvelle; et ces bénéfices sont tels, que les particuliers ne tarderont pas à suivre spontanément la voie dans laquelle les communes vont entrer. Il est juste d'ajouter que déjà des essais heureux ont confirmé, par les résultats les plus satisfaisants, les prévisions de plusieurs propriétaires. L'exemple donné par les communes amènera donc, on est fondé à le croire, un changement général dans le régime actuel des landes.

« Si les communes veulent et peuvent exécuter ces travaux par elles-mêmes, l'administration les aidera en faisant préparer les projets ; mais, en présence de l'état des choses, il faut prévoir le cas où les communes, mises en demeure, seraient dans l'impossibilité de pourvoir à cette exécution.

« L'article 2 dispose que le Trésor public devra s'en charger, sauf à se couvrir de ses avances, en principal et intérêts, sur les produits des coupes et des exploitations qui seront faites lorsque les plantations seront en rapport. Cette intervention de l'Etat se justifie par l'insalubrité à laquelle il s'agit de porter remède, et par l'utilité publique des travaux destinés à remplacer des terrains nus et facultes par des forêts analogues à celles qui sont obtenues par la fixation des dunes exécutée en vertu du décret du 14 décembre 1810.

« Tels sont les deux principes importants de la loi. Tout en préparant la transformation du sol, tout en créant aux communes des bois qui devront un jour fournir à leurs bestiaux une dépaissance plus utile et plus fructueuse, la loi veut respecter les habitudes des malheureuses populations auxquelles elle se propose de venir en aide.

« De là la disposition de l'article 3, en vertu de laquelle, à moins d'une demande expresse du conseil municipal, on ne pourra dans la même année étendre les travaux d'assainissement et de mise en culture sur plus du douzième de la contenance actuelle des landes de chaque commune; de façon à laisser toujours au parcours du bétail une étendue suffisante.

« Pour les portions de landes qui sont susceptibles de culture, ni les communes ni l'Etat ne peuvent les exploiter une fois qu'elles auront été assainies soit par les soins des communes, soit, à leur défaut, aux frais de l'Etat. Il faut donc qu'après l'achèvement des travaux d'assainissement, ces parcelles soient vendues ou affermées à la diligence et au profit des communes, sauf remboursement, sur le prix de vente ou de ferme, des avances faites par le Trésor. Cette disposition fait l'objet de l'article 4.

« L'article 5 dispose que les travaux prescrits par les articles précédents ne peuvent être exécutés qu'après une délibération du conseil municipal et une enquête administrative. Cet article ajoute qu'il sera statué sur les conditions d'exécution par un décret rendu en conseil d'Etat.

« Il s'agit d'améliorer les landes communales. Il est donc indispensable que le conseil municipal soit appelé à fournir ses observations sur le projet à exécuter ; et comme des tiers peuvent être intéressés, soit pour prévenir des dommages qu'ils redouteraient, soit pour profiter des travaux exécutés par l'Etat ou les communes, il faut qu'une enquête les mette à même de fournir leurs observations et réclamations, s'ils en ont à présenter.

Ce serait inutilement que les travaux d'assainissement et de sylviculture dont il vient d'être parlé seraient entrepris et mis à fin, si un réseau de routes agricoles n'était établi en même temps. C'est là un second ordre de travaux complémentaires des travaux d'assainissement et de plantation des landes. Déjà le chemin de fer de Bordeaux à Bayonne a vivifié toute la zone de landes qu'il traverse, et l'a même assainie par cela seul que ses fossés latéraux sont devenus l'exutoire des eaux croupissantes. Il importe donc que des chemins agricoles viennent en nombre suffisant se ramifier à cette grande artère, pour porter dans l'intérieur des Landes la circulation et la vie, en assurant plus tard aux produits de la contrée des débouchés faciles.

« Ces chemins, en même temps qu'ils serviront aux transports, seront un instrument actif de dessèchement par leurs tranchées longitudinales et par les rigoles transversales qui les relieront suivant les besoins et la situation des lieux.

« Toutefois, on ne peut méconnaître que les charges qu'imposera l'établissement de ce réseau dépassent les ressources des communes ; il est donc indispensable que l'Etat en assume l'exécution, et que même il en assure l'entretien pendant quelque temps.

« Au surplus, afin d'être certain qu'aucun intérêt important ne sera sacrifié dans le tracé de ces routes agricoles, on doit donner le plus de garanties possibles à tous les intéressés : il a donc paru nécessaire de décider que le réseau des chemins agricoles, déjà examiné par les conseils généraux de la Gironde et des Landes, serait arrêté par décret de l'Empereur, délibéré en conseil d'Etat.

« Si les communes sont impuissantes à établir par elles-mêmes ces voies de communication, elles doivent au moins contribuer à leur établissement. Le concours des communes, d'après ce qui a déjà été convenu pour certaines portions de routes, doit consister à fournir les terrains nécessaires ; et pour les procurer, lorsqu'ils appartiendront à des particuliers, les communes auront au besoin recours aux dispositions de la loi du 21 mai 1836 sur les chemins vicinaux.

« S'il s'agit d'ajouter à la largeur de chemins ruraux ou vicinaux déjà existants, on appliquera l'article 15 de la loi de 1836 ; et pour la création de routes complètement nouvelles, on suivra les règles sur l'expropriation tracées par l'article 16 de la même loi.

« Quand la richesse publique sera née là où règnent aujourd'hui la misère et la solitude, l'entretien des routes agricoles devra cesser d'être à la charge de l'Etat ; et ces voies nouvelles, qui doivent avoir une si grande influence sur l'avenir des landes de Gascogne, seront classées comme chemins de grande communication ou comme routes départementales.

« Un délai de cinq ans après leur confection a été fixé pour l'époque où devra commencer la charge des départements ou des communes.

« Ces motifs justifient les articles 6, 7 et 8 du projet de loi.

« L'article 9 indique les points sur lesquels un règlement d'administration publique devra intervenir, de manière à assurer la conservation des droits des communes, ceux du Trésor public, la bonne exécution des travaux et leur conservation.

« L'ensemble des travaux de mise en culture et d'assainissement des landes paraît devoir coûter 27 millions 150,000 fr. environ. En voici le détail :

300,000	Hectares	de semis de pin à 50 fr. coûteront	15,000,000ᶠ
25,000	—	de semis de chêne à 70 fr. coûteront.........	1,750,000
20,000	—	de semis de chêne de liège à 70 fr. coûteront	1,400,000
30,000	—	de défrichement pour cultures diverses à 300 fr. coûteront	9,000,000
33,000	—	de landes conservées pour chemins et pacage, fermes de résiniers, etc.........	(Mémoire)
408,000	Hectares.	Total......	27,150,000ᶠ

« D'après les rapports des ingénieurs, ces prix comprennent les frais d'assainissement du sol et ceux de garantie des semis et plantations jusqu'à la troisième pousse.

« Quant aux travaux de routes, nous avons dit que les terrains seront fournis par les communes.

« Dans ces conditions, le prix d'établissement du mètre courant des routes agricoles sera en moyenne de 8 fr. 12 cent., suivant l'estimation des ingénieurs. Or, l'avant-projet du travail qui sera arrêté en conseil d'Etat comprend une longueur de 506 kilomètres, qui doivent coûter 4,108,720 fr., non compris les frais de transport des matériaux aux diverses stations du chemin de fer, évalués à 900,000 fr. environ; ce qui en nombre rond porte la dépense des routes agricoles à 5 millions de francs.

« Le total de la dépense de cette entreprise serait donc de trente-deux millions, en chiffres ronds, savoir :

« Assainissement et plantation des landes.......	27,000,000ᶠ
« Routes agricoles...........................	5,000,000
	32,000,000ᶠ

« Telle serait la dépense à effectuer, et pour laquelle des crédits devront être ultérieurement ouverts. Mais vous remarquerez qu'il s'agit d'une simple avance, qui rentrera, en principal et intérêts, dans les caisses du Trésor, et que bientôt les travaux exécutés, en dotant d'une valeur réelle les landes communales, donneront ouverture, au profit de l'Etat, à des perceptions de droits de tous genres qui viendront compenser ces sacrifices.

« Au surplus, ces sacrifices pourront être notablement diminués par les aliénations volontaires que les communes restent libres d'effectuer, mais que le projet de loi n'a pas cru devoir leur imposer.

« Si le côté financier de cette grande amélioration agricole jetait, Messieurs, de l'inquiétude dans vos esprits par la lenteur du remboursement, veuillez ne point perdre de vue que les combinaisons de la loi qui vous est soumise permettent de hâter ou de modérer le cours de l'entreprise, suivant les convenances budgétaires et les nécessités du temps. Ce n'est point l'œuvre d'un jour; et, dans l'examen des plans et du programme des travaux à exécuter successivement, grand compte assurément sera tenu de la situation du Trésor. De l'avis même des ingénieurs qui ont étudié depuis longtemps, et sur les lieux, la question du boisement des landes, on peut assurer qu'avec un fonds de roulement restreint, 5 ou 6 millions peut-être, il est possible d'arriver à la transformation des landes dans une période de douze à quinze années. L'Etat achètera-t-il trop cher, par cette avance, l'immense bienfait de la loi que nous avons l'honneur de vous proposer?

« Vous avez vu, Messieurs, que, dans les projets de l'administration, la plus grande place est réservée à la création de forêts de pins maritimes; c'est qu'en effet ces forêts paraissent l'intermédiaire obligé entre l'état de dépeuplement actuel des landes et leur colonisation. S'il est vrai, en général, qu'en créant des forêts on crée la solitude, cela n'est pas exact pour les plantations de pins, dont l'exploitation exige la présence constante de l'homme, et dont chaque arbre doit être visité et entaillé une fois au moins par semaine par le résinier. Dès qu'un nouveau massif arrive à l'âge d'être résiné, il faut qu'une famille vienne s'établir dans son enceinte, ce qui entraine la conséquence d'un défrichement autour de la nouvelle habitation à créer. Or, 300,000 hectares de pins maritimes produiront à peu près 5,000 fermes nouvelles, ce qui représentera une population d'environ 30,000 âmes.

« C'est là le système de colonisation le plus rationnel qu'on puisse imaginer pour faire un jour de la véritable agriculture dans les Landes.

« De pareils résultats vous paraîtront sans doute de nature à justifier l'intervention active du Gouvernement; et nous venons, avec confiance, soumettre à votre approbation les dispositions législatives qui doivent avoir pour conséquence de supprimer un état de choses qui fait tache sur notre civilisation.

« Signé à la minute :
« HEURTIER, *conseiller d'état, rapporteur.*
« DENJOY, *conseiller d'état.* »

Corps Législatif. — Annexe au procès-verbal de la séance du 19 mai 1857

RAPPORT fait au nom de la commission chargée d'examiner le projet de loi relatif à l'assainissement et à la mise en culture des LANDES DE GASCOGNE, *par M. de Saint-Germain, député au Corps législatif.*

« MESSIEURS,

« Le projet de loi dont vous nous avez confié l'examen offre un caractère de justice et de grandeur qu'il faut tout d'abord constater. L'agriculture, honorée comme profession et comme science plus qu'elle ne le fut par aucun gouvernement, conviée à des concours nombreux où elle recueille distinctions et récompenses, pratiquée par quelques hommes éminents qui peuvent à bon droit lui servir de directeurs et de modèles, reste néanmoins au-dessous de sa mission; la production a peine à suivre le mouvement de la consommation, et bien des produits que nous devrions recevoir de notre propre sol nous viennent encore de l'étranger.

« Les causes de cette insuffisance ne résident pas dans la constitution de l'agriculture elle-même : nos agriculteurs sont de cette race intelligente et forte que l'on retrouve dans nos armées et dans toutes nos industries; l'esprit de méthode et d'observation a pénétré parmi eux, et les progrès, en tout ce qui dépend de leur action individuelle, sont considérables et incontestés. Mais il n'en est pas de même de tout ce qui demande une action collective, de tout ce qui ne peut être fait d'une manière prompte, et surtout d'une manière fructueuse, que par l'association. Les grands canaux d'irrigation et d'assèchement, les travaux de défense contre l'invasion des fleuves, le reboisement de nos montagnes, le desséchement de nos marais, le défrichement ou l'ensemencement de nos landes communales, restent à l'état de besoin, et sont à peine à l'état d'espérance. Il est aisé de se rendre compte de l'infériorité de notre agriculture sous ce rapport.

« C'est dans les villes surtout que se condensent les capitaux, c'est dans les villes surtout qu'ils trouvent une direction et un emploi ; et la pente naturelle les porte dès-lors vers les grandes industries ou vers les spéculations d'une réalisation plus prochaine ou plus facile. L'agriculture, trop ignorée encore ou trop négligée, trouve rarement sa place dans les préoccupations des capitaux associés.

« D'un autre côté, le travail, qui est aussi un capital, devient chaque jour plus lucratif dans les grandes villes, et la population laborieuse se trouve sollicitée par un appât auquel il lui est bien difficile de résister. Aussi constate-t-on dans les populations urbaines un accroissement bien supérieur à l'accroissement général et normal de la France. Sur beaucoup de points, les populations rurales ont diminué. C'est encore une facilité enlevée aux grands travaux d'amélioration agricole. C'est donc à l'association générale, c'est à l'État qu'il appartient d'y suppléer.

« Il est encore une autre considération qui justifie pleinement, aux yeux de la commission, et nécessite même l'intervention de l'État dans l'exécution de ces grandes entreprises : c'est que le défaut d'équilibre qui se remarque aujourd'hui, et qui tend à s'accroître, entre les travaux urbains et les travaux de l'agriculture, est, en partie du moins, dû à l'influence de l'État. Si on prend l'exemple le plus saisissant, celui de Paris, on reconnaît que, sur les fonds généraux du budget, Paris a reçu en subvention pour ses travaux d'embellissement une somme de 40 millions environ ; et on peut dès à présent prévoir, sans être taxé d'exagération, que des subventions de 20 ou 25 millions peut-être seront nécessaires pour achever toutes ces belles et grandes voies de communication qui rayonnent aujourd'hui, en fait ou en projet, sur sa carte. Les villes de Lyon, Marseille, le Havre, ont vu aussi l'État leur venir en aide dans une forte proportion.

« Ce n'est pas une pensée de rivalité ou de critique qui nous porte à rappeler cette large participation à des travaux qui peuvent jeter un grand éclat sur un règne, et où l'honneur national trouve aussi sa belle part. Il importe indubitablement à une grande nation d'avoir une splendide capitale ; mais il n'importe pas moins à une grande nation de ne pas laisser sur la route des capitales voisines des déserts improductifs, de reboiser ces cimes dénudées qui envoient périodiquement, avec leurs torrents, la dévastation et la ruine aux plaines les plus riches, de ne pas laisser dévorer par des eaux infectes les magnifiques produits que donneraient de vastes espaces de marais desséchés.

« Les travaux centralisés dans les villes ont pour corrélatif ou pour correctif nécessaire, de grands travaux agricoles répandus sur la surface de l'empire. Consommation et production, splendeur des cités et richesse des campagnes, sont les deux termes d'une même proposition ; leur progression égale et uniforme fait l'harmonie du corps social et la vie régulière d'un peuple.

« Déjà le gouvernement est entré dans cette voie : des améliorations ou plutôt des moyens d'amélioration ont été accordés à la Sologne, qui en attend les conséquences. Une loi récente a posé les principes qui doivent amener la transformation de la Dombes. Une autre loi a fait prendre à l'Etat l'engagement de fournir à l'agriculture, sous forme de prêt, les moyens de pratiquer les opérations du drainage. Enfin, le chapitre 30 du budget du ministère des travaux publics attribue des encouragements à plusieurs entreprises éminemment agricoles. Ce chapitre s'élève, en totalité, à une somme de 1,850,000 fr. Ce sont des preuves incontestables de la sollicitude du gouvernement ; mais ces allocations, comparativement restreintes, ne sont en rapport ni avec la part qui est faite à d'autres entreprises ou à d'autres industries, ni avec la grandeur du but, ni avec la nécessité sociale de l'atteindre. Par son caractère, par son importance, par l'action qu'il réserve au besoin à l'Etat — à défaut des communes, dont il est le tuteur —, le projet de loi qui vous est soumis est, pour ainsi dire, l'inauguration d'un système de grands travaux publics agricoles. C'est cette inauguration que la commission a surtout accueillie avec reconnaissance. Tous les départements qui doivent recevoir leur prospérité de cette initiative féconde comprennent qu'ils auront un jour satisfaction ; et cette certitude, qui va redoubler leurs efforts et ranimer leurs forces, va aussi contenir de légitimes impatiences, et donner à tous les droits la sagesse d'attendre et de ne rien entraver.

« Ce n'est pas sans observations toutefois et sans réserves que les représentants des contrées qui attendent aussi leur mise en valeur de l'intervention de l'Etat, ont accepté la préférence donnée aujourd'hui aux landes de Gascogne. Ces réserves nous obligent à donner les motifs qui ont paru à votre commission justifier parfaitement cette préférence.

« Aucune contrée ne présente un ensemble aussi homogène et aussi vaste : 635,000 hectares, dont 409,000 appartiennent aux communes, forment une espèce de sahara intérieur qui attriste et fatigue tous les voyageurs qui parcourent le midi de la France ou se rendent en Espagne. C'est l'étendue d'un grand département qu'il s'agit de conquérir, par une seule opération, à la production et à la vie agricoles. Le sol est partout dans des conditions similaires, et l'assainissement développé sur tous les points une végétation forestière qui ne peut être comparée à aucune autre. Le régime de possession

3

est aussi uniforme, et toutes les terres vaines et vagues qui n'appartiennent pas à des particuliers sont en général cantonnées, et
partout purement communales, sans aucun mélange de ces droits
particuliers d'anciens fiefs de villages ou de sections qui viennent,
dans d'autres provinces, compliquer et anéantir les droits des communes, et créer des obstacles souvent insurmontables à toute entreprise d'améliorations.

« Il résulte de ces conditions que nulle part un système d'ensemble n'est plus nécessaire et plus profitable, et, d'un autre côté, que
nulle part les moyens d'action ne sont plus expérimentés, plus uni-
formes et plus certains.

« On objecte, il est vrai, que le succès, en produisant l'augmentation de notre sol forestier, ne donnera immédiatement à la culture,
et par conséquent à la production du bétail et des céréales, que des
parcelles d'une étendue très limitée et d'une fécondité médiocre, et,
sous ce rapport, ne pourvoira pas directement à notre première pré-
occupation et aux besoins les plus urgents de la production agricole
en France ; mais cette richesse forestière amènera ce qu'elle a déjà
entraîné avec elle partout où elle s'est développée dans les Landes :
culture industrielle autant que forestière, elle appelle la population
et la retient en constituant un salaire assuré et rémunérateur ; et la
population elle-même, par les nécessités de sa subsistance, par cette
influence certaine qui s'attache partout à la présence de l'homme,
est la cause déterminante et nécessaire des cultures productives et
progressives.

« Il faut d'ailleurs considérer que si, après avoir réservé 30,000
hectares au labourage, l'effet de la loi vient ajouter au sol forestier
de la France une étendue de 330,000 hectares environ, sans parler
des 220,000 hectares de propriétés particulières qui viendraient
nécessairement s'y rattacher, le défrichement partiel d'anciens bois
pourrait s'opérer sans soulever d'objections et de craintes, et venir
donner à la culture des céréales une extension suffisante. Ce dépla-
cement lent, successif et prudent du sol forestier de la France, se
retirant devant l'envahissement de l'agriculture pour empiéter lui-
même sur le désert ou sur la lande, est un des faits économiques les
plus désirables : l'ensemencement des landes de Gascogne en sera
le spécimen le plus considérable et le plus encourageant.

« Cet ensemencement, auquel la loi qui nous occupe veut pourvoir, a en effet ce caractère particulier, que le résultat est infaillible.
Le décret du 14 décembre 1810, dont l'exécution se continue encore
aujourd'hui, non-seulement a produit la consolidation des dunes,
mais il a amené par les moyens les plus simples le développement
d'une végétation forestière qui tient du prodige. Les ensemencements
sur la surface des grandes landes, lorsqu'elles seront asséchées, ne
rencontreront ni plus de difficultés ni un moindre succès.

« Nous insistons sur ce point parce qu'à lui seul, aux yeux de la commission, il justifierait la priorité dont le projet des landes de Gascogne a été l'objet. Nulle part ailleurs on ne pourrait avec la même dépense obtenir des résultats plus certains et aussi considérables.

« La commission s'est entourée à cet égard de tous les documents et de tous les renseignements qui pouraient éclairer la question ; et son examen a été d'autant plus scrupuleux, qu'elle ne comptait dans son sein aucun représentant des localités intéressées, et bien peu de membres qui les eussent habitées, fréquentées ou connues.

« Les rapports adressés au gouvernement par les hommes les plus compétents — un inspecteur-général de l'agriculture, un ingénieur du service hydraulique — sont unanimes, et ne laissent aucun doute sur le facile succès et sur la riche végétation des ensemencements.

« Un spécimen qui avait été présenté à l'exposition universelle des produits de l'industrie de 1855, fut contrôlé sur place par un commissaire étranger. Des semis de 5 ans mesuraient en moyenne 3 mètres à 3 mètres et demi de hauteur et 50 centimètres de grosseur au-dessus du sol. Ces semis couvraient une étendue de 500 hectares, et avaient coûté pour toute dépense 52 fr. 20 c. par hectare. On doit tenir compte, en cette circonstance, des soins tout particuliers donnés par le propriétaire. Mais de toutes les données réunies par votre commission, il résulte qu'après six ans, au plus tard, tous les semis peuvent se défendre des bestiaux et mesurer de 2 à 3 mètres de tige. C'est une végétation dont on trouverait ailleurs peu d'exemples.

« De 6 à 25 ans, le bois, par ses éclaircies, peut fournir des produits variables, suivant le mode d'ensemencement plus ou moins dense que l'on aura suivi. A 25 ans commence l'extraction de la résine ; et à ce moment les arbres propres à être gemmés, réduits à 450 par hectare environ, donnent 7 c. et demi de produit par arbre, ou 33 fr. en moyenne par hectare. Arrivés à cet âge de semis, et en n'attribuant qu'un produit égal aux parties livrées à la culture, les 409,000 hectares de landes communales donneront aux communes intéressées des deux départements de la Gironde et des Landes un revenu de plus de 13 millions de francs.

« Ce revenu, grandissant avec l'âge et la sève, conduit la forêt au terme de 70 ans ; et c'est alors que la superficie, arrivée à tout son développement et à toute sa valeur, obtiendra une estimation diversement appréciée, dont il serait d'ailleurs téméraire de fixer de si loin le chiffre, quand on songe à toutes les variations qu'il peut éprouver. Dans ces conditions, un hectare de bois a pu être apprécié en 1841 à 5,000 fr., et ne saurait en aucun cas aujourd'hui valoir moins de 2,000 fr. Ce serait une richesse capitalisée de près d'un milliard répandue sur la contrée la plus stérile et là plus déshéritée de toute la France.

« Si l'on veut savoir quelle somme de travail et quel accroissement de population on aura ainsi appelé dans un désert, en calculant que 60 hectares de pins occupent une famille, on reconnaîtra que plus de 600 familles nouvelles trouveront là un travail et un avenir rémunérateur.

« Il nous reste, MESSIEURS, à vous indiquer par quels sacrifices, relativement faibles, la loi qui vous est soumise assurera ces avantages au pays.

« Une note insérée dans l'exposé des motifs, non pas comme appréciation des avances auxquelles l'État, se substituant aux communes, a entrepris de pourvoir, au besoin, par lui-même, mais comme indication de tous les travaux consécutifs à la loi, estime l'ensemencement et l'assainissement d'un hectare à 50 fr. Ce chiffre, puisé aux meilleures sources, nous a été confirmé comme un maximum par tous les renseignements que nous avons recueillis ; nous avons eu peine à arriver à une élévation aussi élevée.

« Notre honorable collègue M. Corta nous a donné à cet égard les résultats de son expérience et de sa pratique personnelles. Une commission officieuse a mis également à notre disposition les détails de la comptabilité d'une grande compagnie financière — de la compagnie d'Assurances Générales — qui est devenue, depuis peu d'années, acquéreur d'une étendue de 3,500 hectares de landes déjà en partie ensemencées, traversées par le chemin de fer, et situées dans le voisinage de Bordeaux. Cette situation, particulièrement avantageuse à cause du parti que l'on peut tirer des produits de jeune âge, dépréciés partout ailleurs, a dû amener un mode d'ensemencement plus coûteux.

« La compagnie a donc procédé par semis épais sur terre entièrement retournée. La graine seule a absorbé 22 fr. per hectare ; les assèchements se sont opérés au prix de 11 fr. 65 c. par hectare, et ses effets ont été complets : partout le sol a été consolidé et assaini. La façon donnée à la terre, et qui n'était pas nécessaire, a coûté 40 fr. par hectare. La compagnie elle-même a constaté que d'anciens ensemencements en simples trous creusés de distance en distance dans le sable, avaient parfaitement réussi. En citant ce fait, nous avons seulement voulu vous donner une idée du maximum de dépense que pouvait atteindre l'opération mise en pratique par le projet de loi, lorsque, dans une position privilégiée sous tous les rapports, on voulait atteindre le maximum de produits et réduire au minimum le délai de l'attente.

« Ce n'est pas ainsi que procéderaient les communes auxquelles l'État impose l'obligation d'ensemencer ; ce n'est pas ainsi qu'il procéderait lui-même lorsqu'il serait obligé de se substituer à elles.

Votre commission a constaté que, dans les conditions les plus ordinaires du pays, l'ensemencement ne dépassait pas 11 fr., l'assèchement à peu près la même somme, et que le travail se réduisait à quelques journées d'homme, soit pour creuser les trous et y déposer la semence, soit quelquefois pour la répandre sur le sol naturel. La dépense totale ne dépasse pas 30 fr. par hectare. L'évaluation de 50 fr. est donc certainement de nature à suffire à toutes les nécessités et à tous les imprévus.

« Nous n'avons pas prétendu entrer dans la discussion et dans l'examen comparatif des divers moyens d'exécution; nous avons voulu seulement démontrer que l'immensité du résultat était hors de proportion avec les sacrifices ou les avances qu'il pouvait exiger, et que cette perspective devait justifier la priorité accordée au projet d'assainissement et d'ensemencement des landes de Gascogne.

« Nous n'avons pas voulu davantage amener l'État à faire partout l'avance de ces 50 fr. par hectare; nous avons, au contraire, cherché à restreindre son action et à la circonscrire dans des limites prudentes. Nous espérons que vous vous convaincrez que nous n'avons pas un instant perdu de vue les intérêts du Trésor, en poursuivant avec nous l'examen des articles du projet et des amendements que la commission y a introduits, et qui ont été adoptés par le conseil d'État.

« Art. 1er — L'art. 1er est la reproduction de l'art. 5 du décret du 14 décembre 1810; il a, par conséquent, pour lui une longue application déjà connue dans les contrées des Landes, et assez facilement acceptée. Il ne compromet d'ailleurs aucun principe, et ne touche par aucun point à la question de propriété. L'État est le tuteur des communes; dans leur intérêt particulier aussi bien que dans un intérêt public, il a le droit incontestable d'apporter des restrictions non pas au droit du propriétaire, mais à la forme et au mode de sa jouissance.

« La plupart des systèmes d'amélioration proposés pour les Landes, soit dans la presse, soit dans des publications spéciales, reposent sur l'aliénation forcée des communaux. Le projet de loi a raison de refuser sa sanction à ces idées radicales : rien ne saurait aliéner à un plus haut degré l'affection et la confiance des populations, et compromettre davantage jusqu'au succès de la mesure elle-même. La commune peut demander l'autorisation d'aliéner; mais il faut que cette demande soit volontaire de sa part, et elle ne devra pas être octroyée en toute circonstance.

« La loi de 1793, qui ordonnait le partage des communaux par tête d'habitant, a été abrogée par l'impossibilité de son exécution et la réaction qu'elle souleva contre elle. La loi du 20 mars 1813 a laissé les souvenirs les plus amers. Le projet de loi est sage de ne rentrer dans aucune de ces mesures de contrainte, et d'affirmer au contraire, de nouveau, le droit de propriété des communes; le succès en sera d'autant plus assuré. La seule loi qu'il modifie, et avec un droit incontestable, c'est la loi de 1837 sur les attributions municipales. Une loi peut toujours apporter une restriction à une liberté d'administration que les communes ne tiraient que de la loi.

« Art. 2. — L'art. 2. est la sanction de l'art. 1er : si les communes ne veulent pas ou ne peuvent pas exécuter les prescriptions de l'art. 1er, l'Etat se substitue à elles, jamais à titre de propriétaire, mais à titre d'administrateur; il ne se réserve que le remboursement de ses dépenses en principal et en intérêts. Les détails que nous avons donnés précédemment prouvent que l'Etat aurait entre les mains un gage assuré de ce remboursement. Il est certain que cette exécution des travaux par l'Etat sera le cas exceptionnel, et que presque toujours les communes exécuteront par elles-mêmes.

« La détention du gage qui accompagnerait nécessairement la garantie due à l'Etat, qui doit *se rembourser* de ses avances, ressemblerait, dans ces formes, à une main-mise sur la propriété, encore bien qu'elle ne donnât un droit que sur les fruits; mais cette détention passagère, que les communes pourront toujours éviter par un acte de bon vouloir qui le plus souvent ne dépassera pas leurs moyens, sera presque toujours pour elles une cause déterminante d'exécuter par elles-mêmes les prescriptions de la loi.

« Cette exécution leur sera d'autant plus facile qu'aucun moyen ne leur est interdit; qu'elles pourront par conséquent traiter à forfait avec des particuliers ou des sociétés; qu'elles pourront solder la dépense en argent ou au moyen d'un partage, bien entendu avec l'autorisation de l'Etat. Aucune restriction ne leur est imposée à cet égard. C'est par ce motif, et d'un autre côté parce qu'elle ne veut pas contraindre les communes à aliéner leur propriété, que la commission a repoussé les amendements proposés par M. le baron Viard et par M. Corta.

« M. le baron Viard proposait de rédiger ainsi l'art. 2 :

« *En cas d'impossibilité de la part de ces communes de procéder*
« *à ces travaux, elles devront traiter avec des particuliers ou avec*
« *des sociétés, soit à prix d'argent, soit en abandonnant une portion*
« *du sol sur lequel les travaux auront été exécutés.* »

« M. Corta demandait la rédaction suivante :

« En cas d'impossibilité ou de refus de la part des communes de
« procéder à ces travaux, *ou d'y procéder par voie de bail à terme*
« *ou de cession partielle des landes*, il y sera pourvu aux frais de
« l'Etat.... »

« Le reste comme au projet.

« M. Corta maintenait dans un cas donné l'intervention de l'Etat; M. Viard l'excluait d'une manière absolue. L'un et l'autre étaient d'accord pour contraindre les communes à aliéner dans certains cas leur propriété. Cette contrainte, nous le répétons, introduirait dans la loi un principe qu'elle ne renferme pas et que la commission repousse.

« M. le comte de Kergolay avait rattaché à l'art. 5 un troisième paragraphe ainsi conçu :

« *Pour l'exécution de ces travaux, il est ouvert au ministère des* « *travaux publics un crédit total de 6 millions, sur lequel une* « *somme de* 300,000 *fr. sera affectée à l'exercice de* 1857, *et* « *une somme de* 800,000 *fr. à l'exercice de* 1858, *à prendre sur* « *les ressources spéciales de chacun de ces exercices.* »

« La commission, préoccupée elle-même de la nécessité de cette limitation de crédit, avait adopté avec quelques modifications la première partie de l'amendement de M. le comte de Kergolay, dont elle avait fait un article 6. Le conseil d'Etat, en adoptant l'amendement, l'a ramené à l'article 2 au moyen d'un troisième paragraphe qui est ainsi conçu :

« *Le découvert provenant de ces avances ne pourra excéder six* « *millions de francs.* »

« Cette limitation de crédit était utile ; il était impossible de laisser dans le vague les conséquences financières de l'adoption du projet de loi. Les charges indéterminées pèsent souvent sur la situation d'un prix au-delà de ce qu'elles valent, et peuvent entraver pour longtemps toute amélioration nouvelle. La commission apportait dans cette pensée de limitation de crédit une conviction telle, que la majorité de ses membres faisait dépendre de cette question son opinion sur l'ensemble de la loi. Seulement la commission, se reportant d'ailleurs au chiffre et au moyen indiqué à la page 15 de l'exposé des motifs, a pensé qu'au lieu de limiter le crédit, il valait mieux limiter le découvert, de manière à laisser le gouvernement libre de continuer son œuvre au moyen des rentrées successives, si le crédit venait à être épuisé.

« C'est en ce sens qu'elle a présenté l'amendement qui a été adopté par le conseil d'Etat.

« Art. 3. — L'art. 3 est encore un ménagement nouveau pour les droits et pour les habitudes des communes. Une exécution trop prompte apporterait le trouble dans leur mode actuel de jouissance, et la destruction d'une partie du bétail, qui serait trop réduit dans son pacage. En procédant avec précaution et réserve, la réduction du pacage aura lieu d'une manière presque insensible, et pourra marcher simultanément avec les travaux d'assèchement, qui à eux seuls détermineront déjà une végétation de meilleure nature et plus abondante. Il ne faut pas oublier, d'ailleurs, qu'au bout de six ans au plus le bétail retrouvera dans des semis clairs et assainis une meilleure nourriture ; il est probable que la transformation des landes s'opérera sans réduire le bétail, et même en l'améliorant.

« La commune pourra toujours hâter cette transformation autant
qu'il lui conviendra; mais elle ne pourra être forcée d'opérer chaque année que sur le douzième au plus de ses terrains. M. le comte
de Kérgolay demandait que l'on mît le vingtième; la commission
n'a pas adopté l'amendement. Le douzième n'est qu'un maximum
qui peut toujours être réduit par l'administration; et la faculté qu'elle
aura ainsi de prolonger dans certains cas les délais d'exécution,
sera un moyen d'amener un plus grand nombre de communes à
exécuter par elles-mêmes les travaux qui sont mis à leur charge.
A l'occasion de l'article 3, des plaintes se sont élevées dans le sein
de la commission, et ont été exprimées devant elle, sur les tristes
effets de la vaine pâture. Une servitude toute particulière et déplorable pèse en ce genre sur les terrains de la compagnie d'Arcachon.
Les landes de plusieurs communes lui ont été concédées avec la
faculté de les convertir en terres labourables, en vignes, en bois,
prairies, mais avec interdiction de les semer, les terres non cultivées devant toujours servir au pacage des troupeaux. Cette prescription arrête toute amélioration sur une vaste étendue de terrain,
et les administrateurs auraient désiré que cet état de choses fût
modifié législativement. D'autres restrictions étaient aussi deman-
dées. La commission ne pouvait entrer dans cette voie. La vaine
pâture est une habitude déplorable ; elle se restreindra et se retirera
peu à peu devant les clôtures et les cultures améliorées. Le gouvernement aura d'ailleurs à s'en occuper lorsqu'il donnera à l'agriculture le code rural qu'elle attend depuis trop longtemps. Mais il était
impossible de changer l'esprit de la loi, qui n'est qu'un acte de
tutelle de l'Etat sur quelques communes; tous les terrains et tous
les droits particuliers ont été, avec habileté et prudence, laissés en
dehors de son action.

« Art. 4. — L'article 4 contient une réserve nécessaire. Il faut
bien assurer dans l'avenir la subsistance des populations qui seront
appelées par l'industrie de la résine, et réserver à la culture proprement dite les terrains qui en seront reconnus susceptibles; ces
terrains sont estimés approximativement à 30,000 hectares. Mais,
dans aucun cas, cette mise en culture ne sera opérée directement
par l'Etat; nous avons reçu à cet égard les assurances les plus for-
melles. Le texte même de l'article doit rassurer contre de semblables
craintes. Le défrichement et la culture seront toujours l'œuvre des
propriétaires nouveaux ou des fermiers.

« Ici encore la loi s'arrête devant le droit de propriété de la
commune, qui pourra, si elle le veut, affermer ces parcelles au lieu
de les vendre.

« Notre honorable collègue M. le baron Viard demandait que ces
parcelles « fussent divisées par lots et laissées en jouissance à vie à
« chaque chef de ménage, moyennant une rétribution annuelle

« *versée à la caisse communale, ou affermée par la commune.* »

« Votre commission a pensé que cet abandon moyennant une rétribution annuelle constituait un véritable bail à vie, et rentrait par conséquent dans les opérations autorisées par l'article primitif. Quant à la suppression de l'obligation de vendre si la commune n'afferme pas, la commission ne l'a pas adoptée. Elle a pensé que la mesure proposée par M. Viard, très bonne pour conserver la population, serait moins efficace pour en attirer une nouvelle et augmenter dans la contrée les ressources de la main-d'œuvre.

« Art. 5. — L'article 5 se borne à donner à l'ouverture des travaux entrepris en vertu des quatre premiers articles la garantie d'un décret impérial rendu en conseil d'Etat après enquête et délibération du conseil municipal. M. le baron Viard demandait une addition motivée par l'amendement qu'il avait proposé à l'article 2, et qui consistait à rendre le conseil d'Etat arbitre du « *mode de rému-* « *nération à proposer aux particuliers ou aux sociétés avec lesquels,* « *dans son système, les communes auraient été forcées de traiter.* » L'amendement à l'article 2 n'ayant pas été adopté, celui de l'article 5 devenait sans objet.

« Art. 6, 7 et 8. — Les articles 6, 7 et 8 posent le principe de routes agricoles à créer pour desservir les terrains qui font l'objet de la présente loi, et règlent les mesures d'exécution et d'entretien sans demander ou sans prévoir aucun crédit.

« Il est évident que la plupart de ces routes, au milieu de terrains incultes et dépeuplés, ne sont pas d'une nécessité immédiate comme chaussées de circulation ; les fossés qui doivent les accompagner latéralement entreront au contraire dans le système général d'assainissement : c'est pour cela qu'il est utile de s'occuper dès à présent de leur tracé et des moyens d'avoir la disposition des terrains. Il est certain d'ailleurs que l'Etat, qui, dans une grande pensée d'utilité publique, concède ces routes aux communes comme une prime d'encouragement, recherchera et saura trouver dans de grands intérêts particuliers un concours qui allègera ses charges.

« Art. 9. — M. le baron Viard avait proposé à cet article un amendement qui était la conséquence du mode de lotissement qu'il indiquait dans sa proposition sur l'article 4. Cette modification est devenue sans objet.

« Art. 10 (additionnel). — La commission s'était préoccupée de la manière dont serait réglé l'écoulement des eaux lorsqu'il viendrait à rencontrer des terrains particuliers.

« L'article 3 de la loi du 24 avril 1845 a-t-il été définitivement abrogé de manière à n'être désormais susceptible d'aucune application ? La loi de 1854, encore que, dans son intitulé, elle ne s'applique qu'aux eaux *provenant du drainage,* est-elle directement applicable au desséchement des landes ?

«Le texte de l'article 1er, le rapport de l'honorable M. Gareau et la discussion de M. le président du conseil d'Etat, devaient le laisser croire. La commission conservait encore quelques doutes, et il était important que la jurisprudence ne s'égarât pas. La loi de 1845 conserve la compétence du tribunal de première instance et le droit du propriétaire traversé à une indemnité. La loi de 1854 crée la compétence du juge de paix, et appelle le propriétaire traversé à participer à la dépense lorsque les travaux d'assainissement profitent à l'assèchement de son terrain. C'est le cas général, et c'est justice.

«La commission et le conseil d'Etat se sont mis d'accord pour vous proposer l'article 10. La commission n'avait pas adopté la proposition de M. le comte de Kergolay, d'ouvrir un crédit pour 1857; mais elle avait demandé l'ouverture d'un crédit d'un million sur l'exercice 1857. L'amendement n'a pas été adopté par le conseil d'Etat.

«En résumé, MESSIEURS, le projet de loi inaugure une ère nouvelle pour les contrées ravagées ou appauvries, encore trop nombreuses en France. Il revêt, par la grandeur de l'entreprise, un véritable caractère d'utilité publique. Il introduit dans la gestion de quelques biens communaux une modification qui paraît efficace, qui sera sans doute de nature à se généraliser avec fruit, qui appellera du moins pour d'autres contrées des mesures analogues appropriées à leurs conditions et à leurs habitudes. Il limite et circonscrit avec une sage mesure l'intervention de l'Etat. Nous espérons, MESSIEURS, que vous vous associerez, comme votre commission, à un acte de généreuse, habile et prévoyante politique. »

Projet de Loi relatif à l'assainissement et à la mise en culture des landes de Gascogne.

Nouvelle rédaction adoptée par la commission et le Conseil d'Etat.

«ARTICLE PREMIER. Dans les départements des Landes et de la Gironde, les terrains communaux actuellement soumis au parcours du bétail seront assainis et ensemencés ou plantés en bois aux frais des communes qui en sont propriétaires.

«ART. 2. En cas d'impossibilité ou de refus de la part des communes de procéder à ces travaux, il y sera pourvu aux frais de l'Etat, qui se remboursera de ses avances, en principal et intérêts, sur le produit des coupes et des exploitations. *Le découvert provenant de ces avances ne pourra excéder 6 millions de francs.*

«ART. 3. Les ensemencements ou plantations ne pourront être faits annuellement dans chaque commune que sur le douzième, au plus, en superficie de ses terrains, à moins qu'une délibération du conseil municipal n'autorise les travaux sur une étendue plus considérable.

«ART. 4. Les parcelles des terrains communaux qui seront susceptibles d'être mises en culture seront, après avoir été assainies, vendues ou affermées par la commune. Les avances qui auraient été effectuées par l'Etat seront prélevées sur le prix.

« Art. 5. Les travaux prescrits par les articles précédents ne pourront être entrepris qu'en vertu d'un décret impérial, rendu en conseil d'Etat, qui en règlera l'exécution. Ce décret sera précédé d'une enquête et d'une délibération du conseil municipal intéressé.

« Art. 6. Des routes agricoles destinées à desservir les terrains qui font l'objet de la présente loi seront exécutées aux frais du Trésor public. Le réseau de ces routes sera déterminé par décrets rendus en conseil d'Etat.

« Art. 7. Les terrains nécessaires à l'établissement de ces routes seront fournis par les communes traversées. Si elles n'en sont pas propriétaires, ils seront acquis par elles dans les formes déterminées par la loi du 21 mars 1836 pour les chemins vicinaux.

« Art. 8. L'entretien de ces routes restera à la charge de l'Etat pendant cinq ans, à partir de leur exécution ; et ultérieurement à la charge soit du département, soit des communes, suivant le classement qui en aura été fait en routes départementales ou chemins vicinaux de grande communication.

« Art. 9. Un règlement d'administration publique déterminera : 1° les règles à observer pour l'exécution et la conservation des travaux ; 2° le mode de constatation des avances qui seraient faites par l'Etat et les mesures propres à assurer leur remboursement en principal et intérêts ; 3° les formalités préalables à la mise en vente ou en location des terrains assainis et destinés à la culture, conformément à l'article 4 ; 4° enfin toutes les autres dispositions propres à assurer l'exécution de la présente loi.

« Art. 10. *La loi du 10 juin 1854, relative au libre écoulement des eaux provenant du drainage, est applicable aux travaux qui seront exécutés en vertu de la présente loi.* »

Dans sa séance du 25 mai 1857, le corps législatif a adopté, par 230 voix sur 336 votants, ce projet de loi.

Cette loi a été promulguée le 19 juin — 28 juillet 1857.

28 Avril — 7 Mai 1858.

DÉCRET IMPÉRIAL portant règlement d'administration publique pour l'exécution de la loi du 19 Juin 1857, relative à l'assainissement et à la mise en culture des landes de Gascogne.

« NAPOLÉON, etc. ; — Sur le rapport de notre ministre secrétaire d'Etat au département de l'agriculture, du commerce et des travaux publics ; — Vu la loi du 19 juin 1857, notamment l'art. 9 de la dite loi, ainsi conçu :

« Un règlement d'administration publique déterminera : 1° les

« règles à observer pour l'exécution et la conservation des travaux ;
« — 2° le mode de constatation des avances qui seraient faites par
« l'Etat et les mesures propres à assurer leur remboursement en
« principal et intérêts ; — 3° les formalités préalables à la mise en
« vente ou en location des terrains assainis et destinés à la culture
« conformément à l'article 4 ; — 4° enfin toutes les autres disposi-
« tions propres à assurer l'exécution de la présente loi ; »

« Vu la loi du 14 floréal an II (1) ; — Vu les lois des 18 juillet
1837 et 10 juin 1854 (2) ; — Notre conseil d'Etat entendu ; — Avons
décrété ce qui suit :

« Titre Ier — *Mesures tendant à assurer l'exécution des travaux d'as-*
sainissement, d'ensemencement et de mise en culture des landes.

« Art. 1er Les projets de travaux relatifs à l'assainissement, à
l'ensemencement et à la mise en culture des landes de Gascogne,
seront dressés ou vérifiés par les soins du ministère de l'agriculture,
du commerce et des travaux publics.

« Chaque projet comprendra :
« 1° Un plan général ;
« 2° Les dispositions principales des ouvrages ;
« 3° Des profils avec l'indication des sondages destinés à faire
connaître la nature du sol et du sous-sol et la qualité des eaux sou-
terraines ;
« 4° L'estimation de la dépense ;
« 5° Un mémoire descriptif indiquant le but de l'entreprise et
les avantages qu'on peut en espérer.

« 2. Chaque projet est soumis à une enquête ouverte dans les
communes intéressées, et suivant les formes prescrites par les
articles 2 et 8 de l'ordonnance du 23 août 1835.

« 3. Le préfet prend un arrêté par lequel le conseil municipal de
chaque commune intéressée est mis en demeure de délibérer sur le
projet, et de déclarer s'il entend en suivre l'exécution aux frais de
la commune.

« Dans le cas où le conseil municipal déclare prendre à la charge
de la commune l'exécution des travaux projetés, il est tenu de justifier, par la même délibération, des voies et moyens d'exécution.

« 4. La délibération du conseil municipal doit être prise dans le
mois de la date de l'arrêté de mise en demeure. Faute par le conseil

---

(1) Cette loi du 14 floréal an II, dont l'art. 21 ci-après déclare s'approprier la disposition, est relative au curage des canaux et rivières non navigables et à *l'entretien des*
digues qui y correspondent.
Ces frais d'entretien et de curage, mis à la charge des acquéreurs ou fermiers des
terrains assainis, sont, par suite et par application de l'art. 3 de ladite loi, recouvrés ici
de la même manière que des contributions publiques.

(2) La loi des 18-21 juillet 1837 est relative à *l'administration municipale*. Celle du 10
juin 1854 s'occupe du libre écoulement des eaux provenant du *drainage*.

municipal d'avoir délibéré dans le délai d'un mois, il sera réputé avoir refusé de se charger de l'exécution desdits projets.

« 5. Dans chaque commune, les délibérations sont prises par le conseil municipal augmenté des plus fort imposés, pris en nombre égal à celui des conseillers municipaux en exercice.

« 6. Un décret impérial rendu en conseil d'Etat prescrit, s'il y a lieu, l'exécution des travaux, soit aux frais de la commune, soit aux frais de l'Etat, en cas d'impossibilité ou de refus de la part de la commune.

« Dans le premier cas, le décret fixe le délai dans lequel les travaux doivent être commencés et terminés.

« TITRE II. — *De l'exécution et de la conservation des travaux par les communes intéressées.*

« 7. Lorsque l'exécution doit être faite par la commune, si le conseil municipal n'alloue pas chaque année les fonds nécessaires pour mener l'opération à fin dans les délais prescrits, le préfet, après une mise en demeure restée sans résultat, inscrit d'office l'allocation au budget de la commune, conformément à l'article 39 de la loi du 18 juillet 1837.

« 8. L'exécution des travaux intéressant une seule commune est dirigée par le maire de la dite commune dans les formes admises pour les travaux publics communaux. Si les travaux intéressent plusieurs communes, ils sont exécutés dans les formes voulues par les articles 72 et 73 de la loi du 18 juillet 1837.

« Dans tous les cas, ces travaux seront vérifiés par les soins de l'administration de l'agriculture, du commerce et des travaux publics.

« 9. L'autorité municipale est chargée de la conservation des travaux d'assainissement et d'ensemencement des landes, sous le contrôle et la vérification de l'administration.

« A cet effet, il est procédé à une visite annuelle des travaux ; et, en cas d'insuffisance des fonds votés par les conseils municipaux, conformément à l'article ci-dessus, l'allocation nécessaire est inscrite d'office au budget des communes intéressées.

« TITRE III. — *De l'exécution et de la conservation des travaux par l'Etat ; des mesures propres à constater ses avances et à en assurer le remboursement.*

« 10. Lorsque les travaux seront exécutés par l'Etat, on suivra les formes usitées en matière de travaux publics. Il en sera de même des états annuels des dépenses d'entretien.

« 11. Si les travaux intéressent plusieurs communes, la répartition de la dépense sera faite dans la forme réglée par l'article 72 de la loi du 18 juillet 1837.

« Chaque année il sera délivré aux communes intéressées une expédition des comptes établissant la situation des dépenses mises à la charge de chacune d'elles.

« Après l'achèvement des travaux, un compte général des dépenses est arrêté par le ministre de l'agriculture, du commerce et des travaux publics ; il en est délivré copie aux communes intéressées.

« Les sommes principales formant le montant de ce compte portent, de plein droit, intérêt simple à cinq pour cent à partir de l'achèvement des travaux.

« 12. Les travaux effectués par l'Etat sont entretenus par les soins de l'administration.

« Les avances de l'Etat pour cet objet, arrêtées chaque année par le ministre de l'agriculture, du commerce et des travaux publics, portent également, de plein droit, intérêt simple à cinq pour cent par an.

« Copie de ce compte est délivrée aux communes intéressées, avec l'état des dépenses antérieures.

« 13. Si, dans les six mois de la notification à elle faite des comptes annuels des dépenses d'établissement ou d'entretien des travaux, la commune ne s'est pas pourvue devant le conseil de préfecture, les comptes ne peuvent plus être attaqués.

« 14. Il sera statué, par un décret impérial, sur l'époque à laquelle remise sera faite des plantations et semis au département des finances, pour être régis et administrés par lui.

« Un règlement concerté entre ce département et celui de l'agriculture, du commerce et des travaux publics, déterminera, sur l'avis des communes intéressées :

« 1° L'époque et les conditions de l'introduction du bétail dans les plantations et semis ;

« 2° L'époque et les conditions de l'exploitation de la résine ;

« 3° Les locaux où pourront être établies les charbonnières.

« 15. Le compte des produits et celui des dépenses sont faits et arrêtés chaque année par le ministre des finances ; copie en est notifiée aux communes intéressées.

« Dans les six mois, elles peuvent, comme pour le compte des travaux, exercer le recours indiqué dans l'article 13.

« Le prix de ces produits est imputé sur les intérêts dus à l'Etat, et subsidiairement sur les dépenses principales faites tant pour travaux de premier établissement que pour travaux d'entretien.

« 16. A toute époque qui suit l'exécution des travaux, les communes peuvent rentrer dans la possession de tout ou partie des terrains compris dans le périmètre des travaux exécutés par l'Etat, à charge de rembourser le montant des dépenses en principal et intérêts, d'après les comptes successivement arrêtés par le ministre de l'agriculture, du commerce et des travaux publics, et par le ministre des finances.

« 17. Lorsque l'Etat est entièrement remboursé de ses avances au moyen soit des produits qu'il a perçus, soit des paiements faits par la commune, cette dernière est remise immédiatement en possession des terrains administrés pour elle par l'Etat.

« Titre IV. — *Des formalités préalables à la mise en vente ou en location des terrains assainis et destinés à la culture.*

« 18. Après l'achèvement des travaux d'assainissement exécutés soit par les communes, soit par l'Etat, les parcelles assainies sont visitées par un expert désigné par le préfet. Ledit expert dresse le périmètre des terrains susceptibles d'être mis en culture, et désigne les parcelles qu'il reconnaît devoir être vendues ou affermées, conformément à l'article 4 de la loi du 19 juin 1857.

« Le conseil municipal est appelé à donner son avis sur les propositions de l'expert.

« 19. Sur le vu du procès-verbal d'expertise et de la délibération du conseil municipal, le préfet arrête le périmètre des terrains susceptibles d'être mis en culture, suivant les dispositions de l'article 4 de la loi du 19 juin 1857.

« 20. Les communes sont immédiatement appelées à faire leur choix entre la vente et l'affermage des terrains assainis et reconnus propres à la culture.

« Faute par les conseils municipaux d'avoir, dans les deux mois de la mise en demeure à eux adressée par le préfet, délibéré sur la vente ou l'affermage, il est statué d'office par le préfet.

« Lorsque les terrains ont été assainis par l'Etat, il est procédé soit à la vente, soit à l'affermage, par les soins de l'administration des domaines, en présence des receveurs municipaux des communes intéressées, et conformément aux règles applicables aux biens de l'Etat.

« Les prix de vente ou de ferme sont recouvrés par la même administration et d'après les mêmes règles.

« 21. Les fermiers ou acquéreurs de terrains assainis seront tenus, outre le prix de vente ou le prix de ferme, de supporter les frais d'entretien des travaux d'assainissement exécutés soit par les communes, soit par l'Etat.

« Cet entretien est poursuivi d'office, s'il y a lieu, conformément à la loi du 14 floréal an II.

« Titre — V. *Dispositions diverses.*

« 22. Avant de procéder à l'assainissement et à la plantation de landes appartenant à des communes, il est procédé à la délimitation et, au besoin, au bornage desdites landes.

« 23. En conséquence, un expert à ce désigné par le préfet visite les lieux, à l'effet d'appliquer aux landes communales les matrices et plans cadastraux et les titres produits tant par les communes que par les propriétaires voisins.

« 25. La visite des lieux est annoncée, au moins quinze jours à l'avance, dans chaque commune, par affiches placées à la porte des églises et des mairies.

« Les résultats de l'expertise sont communiqués par bulletin particulier à tous les propriétaires limitrophes des landes communales, avec invitation de faire connaître leurs observations.

« 25. Le travail de l'expert et les observations des parties intéressées sont soumis aux délibérations des conseils municipaux, et adressés au préfet avec l'avis desdits conseils.

« 26. Lorsque les communes et les propriétaires limitrophes sont d'accord, il est procédé au bornage par la voie amiable.

« Dans le cas contraire, la commune est autorisée, conformément aux lois, à plaider ou à transiger avec les propriétaires voisins.

« 27. Suivant les besoins, des gardes particuliers, dont le traitement est imputé sur le fonds des travaux, pourront être chargés de veiller à la conservation des travaux exécutés par application de la loi du 19 juin 1857.

« 28. Nos ministres secrétaires d'État au département de l'agriculture, du commerce et des travaux publics, et au département des finances (MM. E. Rouher et P. Magne), sont chargés, etc. »

En conformité de cette loi, les communes se sont empressées d'aliéner le tiers de leurs propriétés pour se procurer les ressources nécessaires à l'amélioration du surplus de leurs biens. Dans le département de la Gironde, l'aliénation s'est effectuée généralement par adjudication publique; le partage par feu avait également été adopté sur certains points. Mais dans celui des Landes, « où les ressources étaient rares, on a cru que le meilleur moyen de trouver les capitaux dont les communes avaient besoin pour assainir et améliorer le surplus de leurs propriétés, c'était de faire les concessions en proportionnant l'étendue des lots au montant de la contribution foncière payée par chaque habitant.....

« L'administration a autorisé les communes à faire la concession d'une partie de leurs biens aux propriétaires au prorata de la contribution foncière qu'ils payaient, afin d'éviter que les lots fussent attribués à des habitants qui n'auraient pas le capital nécessaire soit pour en payer le prix, soit pour exploiter leur lot (1). »

C'est en vertu d'une décision ministérielle que cette autorisation

(1) *Des Sections de communes et des Biens communaux*, par Accoc, deuxième édition, p. 163 et 489.

a eu lieu. Elle fut annoncée par la circulaire suivante du préfet des Landes :

Biens communaux. — Concessions aux Propriétaires

Mont-de-Marsan, le 10 juin 1857.

A Messieurs les Maires du département.

« Vous m'avez soumis, pendant la tournée que je viens de faire pour les opérations de la révision, et à l'occasion de la prochaine application de la nouvelle loi sur l'assainissement et la mise en valeur des landes communales, les vœux des populations et les besoins des communes. J'ai recueilli avec soin et attention vos observations; je les ai examinées à mon retour avec tout l'intérêt que j'attache à vos appréciations, et je les ai communiquées au gouvernement.

« Je suis heureux de vous annoncer aujourd'hui que la vente de gré à gré, par concessions aux propriétaires, sera autorisée, après la promulgation de la nouvelle loi, proportionnellement à l'étendue totale des biens communaux. Ainsi, l'agencement définitif de la propriété et sa conservation se trouveront assurés, et les communes créeront de suite les ressources nécessaires pour exécuter, sans l'intervention de l'État, les travaux convenables sur les terrains dont elles resteront propriétaires.

« Vous trouverez, j'espère, Messieurs, dans cette mesure, une nouvelle preuve du sincère intérêt que j'attache à tout ce qui touche aux besoins locaux, et un nouveau gage de la sollicitude du gouvernement, toujours attentif à satisfaire aux légitimes exigences des habitudes et des usages du pays.

« Agréez, etc.

Le Préfet des Landes,

« J. CORNUAU. »

Une loi générale relative à la mise en valeur des marais et des terres incultes appartenant aux communes a été promulguée le 28 juillet 1860. Cette loi n'a été, sauf quelques différences, que l'application, à toutes les communes de la France, de celle qui concerne les landes de Gascogne. La pensée qui a inspiré cette dernière loi, son économie, paraissent être celles de 1857.

Dans le *Bulletin du ministère de l'Intérieur*, 1863, p. 376, n° 62, on lit la décision ministérielle suivante :

Biens communaux. — Mise en valeur. — Loi du 28 juillet 1860
Application. — Question.

« Il a toujours été admis, depuis la promulgation de la loi du 28 juillet 1860, que lorsqu'une commune est mise en demeure de pourvoir à l'assainissement ou à l'amélioration de terrains tombant sous l'application de la dite loi, et qu'elle déclare son intention de procéder à la vente de ces terrains, le gouvernement n'a plus à intervenir dans l'exécution des travaux qu'ils peuvent nécessiter.

« La question se présente aujourd'hui de savoir s'il doit en être de même au cas où une commune se détermine pour le partage par lots entre tous les habitants chefs de ménage, à charge par les concessionnaires de payer à la caisse municipale, soit une rente perpétuelle, fixe ou progressive, soit un capital déterminé.

« Il n'est pas douteux, a répondu Son Excellence, que le but de la loi du 28 juillet se trouve indirectement atteint par toute mesure qui fait passer les biens communaux incultes entre les mains des particuliers, les acquéreurs devenant nécessairement intéressés à les rendre productifs. D'un autre côté, les communes ne sont pas absolument tenues de recourir à la voie de l'adjudication pour la vente de leurs biens. C'est là une simple règle administrative qui souffre des exceptions, notamment dans le cas où elles préfèrent mettre chaque chef de ménage à même de devenir propriétaire d'un lot. Les deux modes d'aliénation sont donc également licites, et ils paraissent, l'un comme l'autre, dispenser le gouvernement de recourir à l'application de la loi du 28 juillet 1860. »

J'extrais du *Journal des Communes* (août 1865) un arrêt du conseil d'Etat sur les biens communaux :

Journal des Communes (août 1865).

Biens communaux. — Partage. — Attribution aux habitants. Prix. — Section.

« Aucune disposition législative n'a interdit l'aliénation des biens communaux par voie de concession à titre onéreux aux habitants de la commune.

« Le conseil municipal, en votant l'aliénation d'un bien de section, ne s'étant pas expliqué sur le droit de la section dans le prix, la question reste entière, et en cas de contestation les tribunaux civils statuent sur les droits de la section. »

Arrêt du conseil d'Etat du 4 août 1864.

« Vu les requêtes pour les sieurs Bellinet, Combier et autres, au nombre de trente-deux, tendant à ce qu'il nous plaise annuler, pour excès de pouvoirs, un arrêté du 17 septembre 1862 par lequel le préfet de l'Allier a autorisé l'aliénation par voie de concession, aux habitants et propriétaires de la commune, des biens communaux appartenant aux diverses sections qui en font partie, et a décidé que le produit de cette aliénation serait versé dans la caisse municipale pour être employé en achat de rentes sur l'Etat ; annuler, en outre, les ventes faites en exécution de cet arrêté, et condamner la commune de Treignat aux dépens ;

« Ledit pourvoi fondé sur ce que l'opération autorisée constituerait un partage et non une vente, et que le partage des biens communaux entre les habitants est interdit par la législation actuellement en vigueur ; que d'ailleurs, en admettant que l'aliénation constituait une vente, les formalités suivies pour la vente des biens communaux n'auraient pas été observées ; qu'enfin les droits de chacune des sections de la commune au produit des ventes des biens qui leur appartiennent n'auraient pas été réservés ;

« Vu les observations du ministre de l'intérieur, tendant à ce qu'il soit fait droit au recours en ce qui concerne la disposition qui a fixé l'emploi du produit des ventes sans réserver les droits des sections, et à ce que le surplus des conclusions du recours soit rejeté ;

« Vu le nouveau mémoire, intitulé *Production additionnelle*, présenté par les sieurs Bellinet et consorts ; ensemble la déclaration de soixante-quatre habitants de la commune de Treignat relative aux ventes faites en exécution de l'arrêté attaqué ;

« Vu les délibérations du conseil municipal de la commune de Treignat en date des 6 octobre 1861, 13 avril 1862, 18 mai 1862 et 29 juin 1862, relatives à l'aliénation des biens communaux existant sur le territoire de cette commune ; ensemble le procès-verbal de l'expertise faite pour la formation des lots à attribuer aux habitants des diverses sections, et le procès-verbal de l'enquête à laquelle il a été procédé le 30 mars 1862 sur le projet d'aliénation ;

« Vu la loi du 10 juin 1793, celle du 21 prairial an IV, celle du 9 ventôse au XII, celle du 18 juillet 1837, le décret du 25 mars 1852 (tableau A, n° 41), et la loi du 28 juillet 1860.

« En ce qui touche les conclusions tendant à faire annuler, pour excès de pouvoirs, l'arrêté du préfet :

« Sur le moyen tiré de ce que le préfet ne se serait pas conformé aux dispositions des lois et réglements qui régissent l'aliénation des biens communaux et qui interdisent les partages : Considérant que si les partages de biens communaux à titre gratuit, tels qu'ils avaient été autorisés par la loi du 10 juin 1793, sont actuellement interdits, aucune disposition de loi ou de réglement ne détermine les formes à suivre pour l'aliénation des biens communaux, et n'interdit pas l'aliénation de ces biens par voie de concession à titre onéreux à ceux qui ont le droit d'en jouir ;

« Considérant que le conseil municipal de la commune de Treignat, appelé, en exécution de l'art. 2 de la loi du 28 juillet 1860, à délibérer sur les moyens de mettre en valeur les terres incultes appartenant à la commune ou aux sections de cette commune, a voté l'aliénation des biens communaux par voie d'attribution à chacun des ayants-droit à la jouissance d'une parcelle de ces biens, moyennant un prix fixé après un avis de l'ingénieur en chef des ponts-et-chaussées du département ; qu'en autorisant cette aliénation, après l'accomplissement des formalités prescrites par la circulaire du ministre de l'intérieur en date du 5 mai 1852, le préfet de l'Allier n'a pas excédé la limite de ses pouvoirs.

« Sur le moyen tiré de ce que, en fixant l'emploi des fonds à provenir de l'aliénation par lui autorisée, le préfet n'aurait pas réservé les droits des sections auxquelles ces biens appartenaient : Considérant que, d'après les art. 19 et 20 de la loi du 18 juillet 1837, les conseils municipaux ont le droit, sous l'approbation de l'autorité supérieure, de voter l'aliénation des biens communaux appartenant soit aux communes, soit aux sections ; que toutefois, en vertu des art. 5 et 6 de la même loi, le produit de l'aliénation des biens dont les habitants des sections jouissaient en nature avant leur réunion à la commune dont elles font partie doit profiter exclusivement aux sections ;

« Mais considérant que le conseil municipal de la commune de Treignat ne s'est pas expliqué sur le droit exclusif qu'auraient les sections à la propriété des biens aliénés, et par suite au produit de l'aliénation ; que le préfet n'a pas préjugé cette question, qu'il ne lui appartenait pas de résoudre, et que son arrêté ne fait pas obstacle à ce que les rentes acquises avec le produit de l'aliénation soient attribuées à chacune des sections au prorata de leurs droits sur les biens vendus, dans le cas où ces droits seraient reconnus soit à l'amiable, soit, en cas de contestation, par les tribunaux civils.

« Sur les conclusions tendant à ce que les ventes auxquelles il a été procédé en exécution de l'arrêté attaqué, soient déclarées nulles : Considérant que les ventes qui ont été faites à la suite de l'autorisation donnée par l'arrêté attaqué sont des actes de droit civil, et qu'il n'appartient pas à l'autorité administrative d'en apprécier la validité.

« Art. 1er. — La requête des sieurs Bellinet, Combier et autres, est rejetée. »

Nota. — Cet arrêt décide une question fort importante sur le partage des biens communaux entre les habitants, question qui doit s'élever souvent à l'occasion de l'application de la loi sur la mise en valeur de ces biens. (Voy. *Journ. des comm.*, t. 33, p. 366, à la note.)

Nous croyons utile de reproduire sur ces partages l'avis du comité de l'intérieur du 16 mars 1838 :

« Les membres du Conseil d'État composant le comité de l'intérieur qui, sur le renvoi ordonné par M. le ministre de l'intérieur, ont pris communication de trois projets d'ordonnance tendant à autoriser les communes de la Hoguette et de Vignats (département du Calvados) et de Lauraguel (département de l'Aude) à partager entre les habitants chefs de ménage desdites communes, divers terrains communaux, à la charge par chacun des co-partageants de rembourser le prix principal de son lot, suivant l'estimation, dans le délai fixé par les conseils municipaux, de servir l'intérêt légal de ce prix jusqu'à parfaite libération, et de se soumettre aux autres clauses et conditions déterminées par les délibérations respectives des conseils municipaux de ces communes ;

« Vu les pièces jointes auxdits projets d'ordonnance ;

« Vu la loi du 10 juin 1793, celle du 21 prairial an IV, le décret du 9 brumaire an XIII, et la loi du 18 juillet 1837 sur l'administration communale ;

« Vu l'avis du Conseil d'État du 21 février dernier, au sujet de la commune de Bulgau ;

« Considérant qu'aux termes des lois en vigueur et depuis celle du 21 prairial an IV, il ne peut plus y avoir lieu à partage des biens communaux ;

« Qu'en effet, d'après les principes posés par ces lois, la propriété des biens communaux, sans distinction de ceux qui sont mis en jouissance commune, ne peut être considérée comme résidant sur la tête de chaque habitant et comme susceptible de se diviser entre eux, mais que ces biens constituent, quelles que soient leur nature et leur origine, la propriété indivisible du corps de commune ;

« Considérant qu'il n'existe que quatre manières de disposer de cette propriété, soit quant au fond, soit quant à son affectation et à ses droits, savoir : 1° l'aliénation par voie de vente ou d'échange, réglée par l'art. 19 § 3 et par l'art. 46 de la loi du 18 juillet 1837; 2° l'affectation à un service public dans la forme prescrite par l'art. 19 § 3 de la même loi ; 3° la jouissance en commun, à laquelle se rapportent l'art. 105 du code forestier et l'art. 17 § 3, etc., de la loi du 18 juillet 1837 ; 4° enfin, le bail à ferme ou à loyer dont parlent les art. 17 § 2 et 19 § 8 de cette dernière loi ;

« Qu'il résulte de ce qui précède que les propositions des conseils municipaux des communes de la Hoguette, de Vignats et de Lauraguel ne sont pas susceptibles d'être autorisées sous forme de partage ;

« Mais, en même temps, considérant que l'intention évidente de ces conseils municipaux a été d'aliéner à toujours la propriété des terrains communaux dont il s'agit, moyennant un prix basé sur une estimation régulière des dits terrains, et au profit d'acquéreurs entre les mains desquels cette propriété deviendrait à l'instant même aliénable et disponible ;

« Considérant que, dès-lors, les dispositions délibérées par les conseils municipaux de la Hoguette, de Vignats et de Lauraguel présentent tous les caractères de véritables ventes, et paraissent susceptibles d'être autorisées sous cette forme, si d'ailleurs elles offrent à ces communes des avantages qui puissent justifier une dispense des formalités des enchères ;

« Considérant, sous ce rapport, que les terrains dont l'aliénation est proposée ont peu de valeur proportionnellement à leur étendue ;

que, dans l'état actuel, les communes n'en tirent aucun produit ; que le défrichement et la mise en valeur de ces terrains ne peuvent s'opérer promptement qu'autant qu'ils seront divisés en un grand nombre de lots ; que ces ventes amiables et multiples qui peuvent s'étendre à tous les chefs de famille, bien qu'aucun d'eux ne doive être considéré comme ayant un droit quelconque à les obtenir, ont l'avantage de faire participer au bien-être résultant de l'accroissement de la somme des propriétés particulières chacun de ceux qui profitaient personnellement de la jouissance commune ;

« Considérant, d'autre part, qu'il résulte des renseignements donnés par l'administration des contributions directes, que le prix d'estimation fixé par les experts n'est pas éloigné de la valeur réelle des terrains dont l'aliénation est demandée ;

« Que le délai accordé par chaque commune pour le remboursement du prix principal des lots ne paraît pas excessif, et que, en attendant, l'intérêt de ce prix devra être payé au taux légal ;

« Que si ce prix est employé en acquisition de rentes sur l'État, au fur et à mesure des remboursements, il en résultera pour les communes une ressource nouvelle qui devra figurer en recette à leur budget ;

« Considérant enfin qu'à l'égard des lots dont l'aliénation ne pourrait avoir lieu, conformément aux vues indiquées par les conseils municipaux, au profit des acquéreurs dénommés dans leurs délibérations, il importe de rentrer dans l'application des règles générales qui prescrivent la mise aux enchères des biens communaux à vendre ;

« Sont d'avis : — 1° que les propositions contenues dans les délibérations des conseils municipaux des communes de la Iloguette, de Vignat et de Lauraguel ne peuvent être autorisées comme partage de biens communaux ; — 2° qu'elles sont susceptibles d'être autorisées sous forme de ventes faites amiablement à plusieurs dans les termes indiqués par le projet d'ordonnance ci-joint ; — 3° que les lots à l'égard desquels les ventes amiables ne pourraient pas avoir leur effet doivent être mis aux enchères sur une mise à prix égale à l'estimation ; — 4° que le prix capital de ces ventes devra être employé en achat de rentes sur l'État au nom des communes venderesses. »

Dalloz, dans sa *Jurisprudence générale* (1865 ; 3° p., p. 48), fait suivre l'arrêt du conseil d'État du 4 août 1864 des observations suivantes :

« Nous avons (*Jurisprudence générale*, V. Commune, n° 2195) indiqué les divers éléments de solution de la question de savoir si le partage des biens communaux entre les habitants, tel qu'il avait été autorisé par la loi du 10 juin 1793, est encore permis. Nous devons

ajouter que, dans les premiers temps qui ont suivi la promulgation
de la loi du 18 juillet 1837, le ministère de l'intérieur avait cru pou-
soir résoudre cette question affirmativement, en se fondant sur le
silence de la loi dont il s'agit, mais que la jurisprudence administrative du conseil d'Etat s'était dès 1838 (loc. cit., n° 2331), pro-
noncée en sens contraire, ainsi que vient de le faire sa jurisprudence
contentieuse par l'arrêt que nous rapportons. (V. aussi le *Traité des
sections de comm.*, de M. Aucoc, 2ᵉ édit, n° 205.)

« Aucune loi ne prescrit, en effet, que les biens communaux soient
vendus aux enchères publiques. Ce mode de vente est sans doute, en
général, le meilleur moyen de sauvegarder les intérêts des établis-
sements publics, et c'est celui qui est indiqué et recommandé, comme
habituellement préférable, par les instructions de l'administration
supérieure ; mais, en définitive, elle a le droit de s'en écarter dans
les cas exceptionnels qui lui paraissent l'exiger (*Jur. gén.*, V. *Comm.*,
n° 2410). Or, quand il s'agit de vendre des biens communaux qui
étaient livrés jusque-là à la jouissance commune, elle a pensé qu'il
ne faut pas tenir compte uniquement de l'intérêt que peut avoir la
commune ou section de commune à tirer d'une telle vente le plus
haut prix possible ; elle a pensé qu'il faut tenir compte aussi des
intérêts des habitants qui profitaient de la jouissance de ces biens,
et éviter d'apporter sans nécessité un changement trop brusque à
leurs habitudes. C'est ce qui l'a déterminée à autoriser, sur la
demande du conseil municipal, une espèce d'aliénation qui, sans
être un partage, se rapproche à la fois du partage et de la vente, et
qui consiste à attribuer à chacun des habitants ayant droit à la
jouissance des biens communaux un lot de ces biens, moyennant
un prix fixé par experts. Cette opération a été approuvée notamment par un avis du comité de l'intérieur du conseil d'Etat du
16 mars 1838, que l'on peut consulter dans l'ouvrage précité de
M. Aucoc (n° 206), et qui a été suivi de plusieurs autres dans le
même sens. On voit que le conseil d'Etat donne aujourd'hui à la
pratique ainsi établie l'autorité de sa jurisprudence contentieuse. »

CHAPITRE IV

QUESTION DE DROIT SE RATTACHANT AUX CONCESSIONS SURVENUES
DEPUIS LA LOI DU 19 JUIN 1857. — JURISPRUDENCE DES TRI-
BUNAUX DES LANDES ET DE LA COUR DE PAU.

Les terres communales acquises dans les Landes en vertu de la
loi du 19 juin 1857 pour agencer un domaine, en deviennent-elles,
à raison de leur destination, une partie intégrante, de telle sorte

que, si le possesseur est évincé du domaine, il doive nécessairement abandonner au nouvel occupant les acquisitions qu'il a faites?

Il peut arriver que le détenteur d'un héritage, l'administrant pour autrui, a pu y faire des annexions; on se demande si les terres nouvellement acquises l'ont été dans son intérêt personnel ou au profit de son mandant.

Un mari est-il présumé avoir acheté pour sa femme, un tuteur pour son pupille?

L'usufruitier a-t-il pu acquérir pour lui-même, ou l'acquisition qu'il a faite doit-elle profiter au propriétaire réel?

Telle est la question qui intéresse la contrée des Landes.

Il semble tout d'abord que la vente est intervenue d'une manière définitive entre la commune et l'acquéreur, et que celui-ci peut répondre : J'ai acquis pour moi, agi en mon nom personnel ; on m'a livré, j'ai payé : je garde.

C'est ainsi que la cour de Pau l'avait en premier lieu compris dans son arrêt du 8 décembre 1863, qui infirme un jugement rendu par le tribunal civil de Mont-de-Marsan le 29 mai 1863, et que je reproduis :

Arrêt de la Cour de Pau du 8 Décembre 1863

Affaire S....., d'Ygos, contre les mariés D....., de Villandraut, et Jules S....., de Dax.

« En ce qui touche la propriété des landes acquises de la commune d'Ygos en 1850, 1853 et 1861 :

« Attendu que, si l'on consulte le texte des actes de vente, il en résulte que Romain S...., y a figuré seul et en son nom personnel, comme soumissionnaire et détenteur des parcelles vendues par la commune;

« Qu'il est dès-lors censé les avoir achetées dans son intérêt exclusif; — que pour qu'il en fût autrement, il faudrait qu'il fût établi ou qu'il eût traité comme mandataire ou *negotiorum gestor* de son père, ou bien que les landes eussent été acquises au profit des terres alors possédées par Romain S..... et pour y être incorporées de telle manière qu'elles ne pourraient plus en être détachées; mais que ni l'une ni l'autre de ces hypothèses ne se rencontrent dans l'espèce;

« Que Romain S....., qui était investi de la propriété du domaine principal en vertu de l'acte du 17 novembre 1834, ne pouvait avoir l'intention d'acquérir que pour lui seul ; que son père était entièrement désintéressé à cet égard;

« Que s'il est vrai de dire que les ventes de landes communales ont été faites en considération et pour l'exploitation des fonds de terre alors possédés par Romain S...., il ne s'ensuit pas pour cela que ce dernier ne soit pas devenu le véritable acquéreur, et que si plus tard il a été dépouillé des terres en considération desquelles la vente des landes communales a été consentie, il doive l'être en même temps de ces dernières ; qu'un pareil résultat ne saurait être admis qu'autant que les contrats de vente eussent formellement exprimé que le sol de la propriété des landes était subordonné à celui de la propriété du domaine S..., mais que les contrats sont muets à cet égard ; — que les ventes des landes sont pures et simples et sans condition, qu'elles sont consenties en faveur de Romain S....., et que lui seul doit en profiter..... ;

« Par ces motifs,

« La cour, statuant sur l'appel interjeté envers le jugement rendu le 29 mai 1803 par le tribunal civil de Mont-de-Marsan, infirme ce jugement en ce qu'il a ordonné que les landes communales vendues à Romain S..... seraient comprises dans la masse à partager.....; et, procédant à nouveau quant à ce, déclare Romain S..... seul et exclusif propriétaire des landes communales qui lui furent vendues par les contrats, etc..... ; dit, en conséquence, que les landes ne seront pas portées dans la masse à partager... »

Il est à remarquer, d'après les termes de l'arrêt, que Romain S..... était déjà détenteur des parcelles vendues par la commune. Les concessions antérieures à 1860 avaient été faites pour régulariser des situations défectueuses, et la cour avait confondu ces premières concessions avec celles faites par suite d'une mesure générale et en conformité de la loi de 1857. La question n'avait donc pas été posée devant la cour dans ses véritables termes. Aussi, depuis cette époque, de nouvelles discussions s'étant engagées devant elle, la cour a modifié sa jurisprudence sur cette matière et l'a rendue conforme à celle adoptée par les tribunaux des Landes.

Aux termes de l'article 119 du code civil, « on ne peut, en général, s'engager ni stipuler en son propre nom que pour soi-même. » L'article 1122 ajoute : « On est censé avoir stipulé pour soi et pour ses héritiers et ayants-cause, à moins que le contraire ne soit exprimé ou ne résulte de la nature de la convention. » Et l'article 1156 : « On doit, dans les conventions, rechercher quelle a été la commune intention des parties contractantes, plutôt que de s'arrêter au sens littéral des termes. »

Il faut donc rechercher quel a été l'esprit de la convention pour savoir s'il en résulte une obligation formelle pour celui qui a paru au contrat. Existe-t-il des présomptions suffisantes que celui qui a contracté a voulu contracter pour lui-même et non pour autrui ?

On doit donc rentrer dans les appréciations de fait et dans les interprétations d'actes. C'est aux tribunaux à décider selon leur teneur. Les questions de fait sont abandonnées aux déductions logiques du juge, et leurs solutions se déduisent de l'appréciation de présomptions plus ou moins certaines, plus ou moins graves, plus ou moins précises. C'est donc à la conscience du juge qu'est abandonnée cette appréciation du point de fait. Tout ce que la loi lui recommande, plus encore comme règle d'équité que comme règle de droit, c'est de s'attacher à des présomptions sérieuses, capables de faire impression sur toute personne raisonnable, sur un esprit droit et sincère.

Il faut considérer les circonstances du fait, la forme de l'acte, la nature de l'affaire, les clauses accessoires de la convention, la qualité des parties.

Il existe donc au sujet des concessions une question de fait. Ces concessions ont eu pour base des calculs dans la répartition proportionnelle qui a eu lieu. C'est au prorata de l'impôt foncier que ces concessions ont été faites, en vertu d'une décision ministérielle. Si le détenteur de la propriété indivise figure seul dans les actes, c'est parce que, étant seul en vue, l'administration lui a adressé tous les avertissements.

L'expert chargé d'opérer la répartition des landes au marc le franc de l'impôt foncier, s'est basé sur les extraits des matrices cadastrales. Or, sur ces matrices, on voit figurer dans un seul article porté au nom d'un seul individu, des biens confondus appartenant à divers. Cet article comprend quelquefois les biens propres du mari, les biens propres de la femme, ceux qui dépendent de la société d'acquêts, ceux qui appartiennent aux enfants mineurs.

L'expert a formé un ou plusieurs lots afférents à cet article sans se préoccuper d'établir la séparation des biens, et la vente a été consentie en faveur de celui qui figure sur la matrice cadastrale ou du détenteur des biens.

Est-il juste que ce détenteur profite, à l'exclusion de ses co-propriétaires, de la totalité des concessions?

Est-ce que l'on peut s'enrichir au détriment d'un autre sans sa volonté?

Il y a une chose certaine : Si vous n'eussiez pas été détenteur ou administrateur du domaine, vous n'auriez pas eu de part proportionnelle dans les concessions.

Donc ces concessions constituent une faveur à la propriété et non à la personne.

Le véritable caractère de l'acquéreur, c'est qu'il est un gérant, un *negotiorum gestor;* c'est-à-dire une personne qui, sans mandat, se charge de gérer les affaires d'autrui. Or, aux termes de l'article 1372 du code civil, celui qui gère volontairement l'affaire d'autrui se soumet à toutes les obligations qui résulteraient d'un mandat exprès que lui aurait donné le propriétaire. Ce qu'il fait, il le fait dans l'intérêt de tous. D'ailleurs, tout ce qui se rapporte aux quasi-contrats se réduit à des questions de fait qui sont du domaine exclusif du juge du fait.

Ainsi, il s'agira de savoir si le gérant volontaire a bien ou mal administré, et s'il a apporté à la conservation de la chose les soins d'un bon père de famille.

Si le gérant avait mis en demeure ceux de qui il administre les affaires de concourir aux concessions offertes, et que ces derniers eussent refusé, alors il pourrait être lui-même fondé à les priver de leur part.

Sa position serait évidemment trop belle si, tenant les autres co-propriétaires à l'écart par son silence intéressé, il pouvait profiter seul des concessions.

Le tuteur étant le mandataire légal de son pupille, il doit administrer ses biens en bon père de famille (art. 450). Il peut convertir les capitaux en immeubles, et cette acquisition est obligatoire pour le mineur. Du reste, cette opération est utile au mineur, puisqu'il s'agit d'acquérir un immeuble tout-à-fait avantageux pour lui et à sa convenance, et de ne pas laisser échapper une occasion qui ne se représenterait plus.

L'usufruitier doit aussi jouir en bon père de famille et conserver la substance de la chose. Il en est de même du mari, auquel la loi accorde l'administration des biens de sa femme, et qui demeure responsable de son administration. Il doit, aux termes de l'article 1137, veiller en bon père de famille à la conservation de la chose qui lui est confiée.

Les concessions de landes sont donc faites à la propriété ; elles sont annexées à celle-ci, et en forment une partie intégrante, un *accessoire qui doit suivre le sort du principal* ; elles constituent un immeuble par destination, puisqu'elles s'incorporent et restent confondues avec le fonds auquel elles sont attachées (art. 546 et 712 du code civil).

Du reste, ce mode d'aliénation a été sagement établi en le basant sur l'importance de l'impôt foncier. Les habitants des Landes exerçaient un droit d'usage sur les landes communales ; dès-lors que celles-ci ont été réduites, il était juste qu'on donnât à ces habitants une espèce de compensation. Il sera toujours facile, en distinguant les biens et en calculant leur impôt foncier, d'attribuer à chaque propriété séparée la part lui revenant dans la concession.

Il résulte de tout ce qui vient d'être dit qu'on doit appliquer aux concessions faites d'après la loi de 1857 les dispositions de l'article 1408 du code civil, parce que ces concessions ne constituent pas des acquêts proprement dits.

Lorsque le mari achète une nouvelle part indivise dans un immeuble sur lequel il a déjà des droits de propriété, il fait une affaire personnelle, il augmente ses propres ; mais il doit indemniser la communauté de la somme qu'elle a fournie pour cette acquisition.

Il en est de même lorsqu'il acquiert et paie des deniers de la communauté une nouvelle part indivise dans un immeuble sur lequel la femme a déjà des droits de propriété; il fait une affaire personnelle pour sa femme, dont il augmente les propres.

Comme le mari ne peut pas rendre sa condition meilleure au préjudice de la femme, dont il est le mandataire légal et nécessaire, toute acquisition qu'il fera en son nom personnel de tout ou partie d'un immeuble sur lequel sa femme aurait des droits indivis, est présumée faite dans l'intérêt de la femme elle-même, qui peut se faire subroger dans ses droits par une simple déclaration de volonté. Et ce droit qu'elle est appelée à exercer au moment où la communauté est dissoute, appartient également à ses héritiers ou à ses ayants-cause.

Si la femme exerce le retrait, elle devra récompense à la communauté des frais d'actes, loyaux coûts, et des impenses faites pour l'amélioration de l'immeuble. L'immeuble se reprend sans avoir égard à la plus-value qu'il peut avoir depuis l'acquisition.

La jurisprudence est maintenant fixée au sujet des concessions faites dans le département des Landes. Je vais reproduire les copies de quelques jugements rendus par les tribunaux de Saint-Sever et de Dax et de quelques arrêts de la cour de Pau.

Jugement du tribunal civil de Saint-Sever (Landes) du 3 décembre 1860

(Affaire : les filles Dorlanne contre veuve Dorlanne et Barthélemi Dupont, mariés, de Rion-des-Landes.)

.... « Attendu relativement à la question de savoir si une contenance de huit hectares de lande communale soumissionnée par les époux Dupont doivent être déclarés leur appartenir en propre, ou demeurés annexés à la métairie de Jouanlong, indivise entre parties, comme un accessoire de cet immeuble : qu'il est constant que dans la mesure administrative qui a autorisé récemment la soumission par les dits habitants d'une partie des landes, on a sagement pris pour base du droit ainsi ouvert à leur profit la propriété de chacun d'eux, de telle sorte que c'est d'après son importance (déterminée par l'impôt) que l'étendue de chaque concession a été réglée par tous ceux qui en ont réclamé le bénéfice; que ce mode d'aliénation se comprend du reste sans peine, parce qu'il est évident qu'en réduisant les terrains sur lesquels les habitans exerçaient des droits d'usage, il était indispensable de leur donner des facilités exceptionnelles pour se procurer en remplacement de ce qu'ils perdaient des terrains qui, dans le mode de culture usité dans le pays, sont un accessoire nécessaire, un agencement indispensable des propriétés rurales, qu'elles ont eu, si l'on peut ainsi parler, un caractère tout-à-fait réel et nullement personnel; qu'il suit de là que les huit hectares qui ont pu être et qui ont été soumissionnés par les époux

Dupont, d'après l'impôt assis sur la métairie de Jouanlong, ont été définitivement annexés à cet immeuble, dont ils doivent à tous égards suivre le sort dans les opérations du partage; que seulement la demande des époux Dupont tendant à être remboursés de toutes les sommes dont ils pourront être tenus par suite de la cession, est de toute justice et doit être accueillie ;

« Le tribunal, statuant en matière ordinaire et en premier ressort, homologue le rapport de l'expert Bordessoulles en date du 22 septembre 1860, tant en ce qui touche les estimations que l'avis émis par lui sur la nécessité de liciter les immeubles indivis ; comme aussi de rattacher à la métairie de Jouanlong, comme accessoire et dépendance d'icelle, les huit hectares de landes concédés aux époux Dupont par acte retenu par Mᵉ Dupouy, notaire, et formant partie du n° 346, section E, du plan cadastral de la commune de Rion ; en conséquence, ordonner que tous les immeubles détaillés au rapport de l'expert, y compris la dite lande concédée, seront licités à l'audience du tribunal et par devant M. Capdeville, juge, que le tribunal commet à cet effet, sur la mise à prix de 5,853 fr. 35 c., etc. »

Jugement du tribunal civil de Saint-Sever, du 17 avril 1861

Le tribunal civil de première instance séant à St-Sever (Landes), a rendu le jugement suivant :

« Entre le sieur Jean Barbasse, propriétaire cultivateur, domicilié à Boos, demandeur, suivant son exploit introductif d'instance du trente novembre mil huit cent soixante, comparant par Mᵉ Ressein, avoué, d'une part ;

« Et sieur Etienne Sourgens, propriétaire demeurant à Rion, défendeur, comparant par Mᵉ Courréges, avoué, d'autre part.

« Point de fait :

« Le demandeur a exposé qu'il était propriétaire par indivis, dans l'année mil huit cent cinquante-huit, avec le sieur Etienne Sourgens, d'une métairie dite de Miquelot, sise à Rion ; qu'à cette époque il avait été fait concession à tous les propriétaires de la commune de Rion d'une certaine contenance de lande appartenant à la dite commune, qui devait être répartie entr'eux par une expertise au prorata des contributions foncières auxquelles leurs propriétés étaient cotisées ;

« Que l'expert commis par l'administration départementale pour procéder à la répartition et à la fixation du prix attribua, d'après la base qui vient d'être indiquée, une contenance de neuf hectares vingt-huit ares vingt-quatre centiares à la métairie de Miquelot, et régla le prix à payer pour cette contenance à quatre cent soixante-quatre francs douze centimes ;

« Que le sieur Barbasse et le sieur Sourgens ont procédé au partage de la métairie de Miquelot le vingt-cinq septembre mil huit cent cinquante-huit ; que le lot attribué par ce partage au demandeur lui donne droit sur les neuf hectares vingt-huit ares vingt-quatre centiares, à quatre hectares dix-huit ares quatre-vingt-quinze centiares ;

« Que si le sieur Sourgens a figuré seul dans l'acte de concession, cette circonstance s'explique par cette autre, qu'au moment où la soumission avait été faite, l'indivision existant encore, il se présenta seul pour signer ; qu'elle ne peut exercer aucune influence sur le sort définitif de la concession, qui constitue non un droit personnel, mais un droit inhérent à la propriété, qui doit par conséquent profiter à tous les propriétaires.

« En conséquence, par l'exploit précité, le sieur Barbasse a assigné devant le présent tribunal le sieur Sourgens pour s'entendre condamner à lui délaisser la contenance de quatre hectares dix-huit ares quatre-vingt-quinze centiares de lande à prendre sur celle de neuf hectares vingt-huit ares vingt-quatre centiares portée sous le numéro trois cent soixante-un, section E, du plan cadastral de la commune de Rion, où elle est située ; voir en conséquence ordonner le partage de la dite lande sous l'offre par le sieur Barbasse de rembourser les sommes avancées par le sieur Sourgens à l'occasion de la portion de lande réclamée, et de remplir les conditions imposées par l'acte de concession.

« Sur cette assignation, Me Courréges s'est constitué pour le défendeur.

« La cause en cet état ayant été portée à l'audience de ce jour, les avocats des parties ont plaidé leurs moyens ; leurs avoués ont conclu comme suit :

« Me Ressein, pour le demandeur : «Plaise au tribunal condamner
« le sieur Etienne Sourgens à délaisser au concluant quatre hecta-
« res dix-huit ares quatre-vingt-quinze centiares de lande formant
« partie du lot attribué à la métairie de Miquelot dans la répartition
« faite d'un tiers des landes communales de Rion entre tous les
« propriétaires de cette commune, en vertu d'une concession ad-
« ministrative, ledit lot contenant neuf hectares vingt-huit ares
« vingt-quatre centiares, portés sous le numéro trois cent soixante-
« un, section E, du plan cadastral de la commune de Rion ; ordon-
« ner par suite le partage de ce lot en deux portions, dont l'une,
« de la contenance ci-dessus indiquée, de quatre hectares dix-huit
« ares quatre-vingt-quinze centiares, sera attribuée au concluant,
« et l'autre, de cinq hectares neuf ares trente-six centiares, au
« sieur Sourgens, sous l'offre que fait d'ailleurs le concluant de
« rembourser au sieur Sourgens les sommes qu'il aura avancées
« pour lui à l'occasion de la portion qui fait l'objet de la demande
« en délaissement, ceux du partage devant être supportés propor-
« tionnellement à l'importance du lot de chacun des co-partageants. »

« Me Courréges, pour le défendeur : « Plaise au tribunal déclarer
« l'adversaire non recevable, en tout cas mal fondé dans sa demande,
« l'en débouter, et le condamner en deux cents francs de domma-
« ges-intérêts et aux dépens. »

« Point de droit :

« La demande en délaissement de portion de lande dont s'agit
est-elle recevable? — Est-elle fondée? — Y a-t-il lieu d'ordonner le
partage de la dite lande? — *Quid* des dépens?

« Attendu que le tribunal a déjà décidé en principe et croit devoir
décider encore que les concessions de landes récemment faites
par les communes l'ont été moins dans l'intérêt et au profit des
personnes que des propriétés dont se compose l'aggrégation communale; qu'il suit de là que chaque propriétaire a bien le droit,
s'il n'y renonce ou ne le cède, de réclamer la part proportionnelle
qui doit lui revenir, mais seulement d'après l'impôt foncier auquel
il est assujetti;

« Attendu, cela posé, qu'en fait il est constant dans l'espèce que
dans les travaux préparatoires de la concession faite dans la commune de Rion, et qui commencèrent durant l'année mil huit cent
cinquante-huit, la portion de lande attribuée à la métairie de Miquelot, indivise en ce moment entre Sourgens et Barbasse, le fut
au profit de tous les ayants-droit à cet immeuble, d'après la déclaration fournie à cet égard par un des experts qui eurent connaissance
de l'indivision;

« Attendu qu'il est certain encore que le cinq décembre mil huit
cent cinquante-huit, Sourgens et Barbasse procédèrent par acte de
Me Dupouy au partage de la métairie de Miquelot, sans y com-
prendre la lande dont la concession n'était pas encore effectuée à
cette date;

« Qu'aussi Sourgens, abusant de ce que son nom avait été seul
indiqué dans le travail des experts, fit pour son compte personnel,
et sans tenir compte de ses consorts, la demande en concession qui
ne put être que postérieure au partage précité, parce que jusque-là
l'opération ne se trouvait pas en état;

« Attendu qu'il est cependant constant aussi qu'au moment où
intervint devant Me Dupouy, notaire, l'acte définitif de concession,
Barbasse se présenta pour réclamer, aux clauses et conditions
y stipulées, la part qui devait lui revenir sur les neuf hectares vingt-
huit ares vingt-quatre centiares, attribuées à l'entière métairie de
Miquelot, et proportionnellement en ce que le partage précité lui
avait attribué dans cet immeuble; que cette réclamation, contraire
à la prétention de Sourgens, est constatée par la lettre que le notaire
écrivit à M. le préfet pour lui signaler l'incident, et à laquelle le
timbre de la préfecture imprime une sorte d'authenticité;

« Attendu que dans ces circonstances, et l'on peut presque dire sous ces réserves au profit de Barbasse, le notaire crut pouvoir ne devoir faire figurer que Sourgens dans l'acte de concession pour le lot de neuf hectares vingt-huit ares vingt-quatre centiares attribué à l'ancienne métairie de Miquelot;

« Attendu qu'aujourd'hui Barbasse demande que Sourgens lui en délaisse, par voie de partage, la contenance de quatre hectares dix-huit ares quatre-vingt-quinze centiares, qui doit lui revenir d'après l'impôt assis sur la portion de la métairie de Miquelot qui lui est échue ; que cette prétention se justifie non moins par la nature ci-dessus indiquée de la concession que par les circonstances de fait qui ont été relevées, et qui prouvent que si Sourgens a voulu abusivement s'attribuer toute la lande concédée, Barbasse n'a pas négligé d'en demander sa part;

« Attendu que pour repousser la prétention actuelle de ce dernier, il faudrait d'un côté ne tenir aucun compte ni de son droit réel ni de ses réclamations faites avant la concession, et consacrer d'un autre, en faveur de Sourgens, une usurpation manifeste, puisqu'il est certain qu'il était sans droit ni qualité pour demander de son chef l'entière concession afférente à la métairie de Miquelot;

« Attendu d'ailleurs, et au besoin, qu'il faudrait reconnaître, pour éviter cet injuste résultat, qu'en portant cette prétention devant l'autorité compétente, Sourgens n'aurait agi, même sans le vouloir, qu'en qualité de *negotiorum gestor* de son consort Barbasse, en qui seul, depuis le partage de la métairie de Miquelot, résidait le droit de réclamer, comme il le fait du reste devant le notaire, la part de la concession correspondante d'après la part de l'impôt foncier à la portion de cet immeuble qui lui est échue ;

« Attendu quant aux dépens que, s'agissant en définitive d'un partage, il y a lieu d'ordonner qu'ils seront supportés par les parties au prorata de leurs droits dans l'immeuble qui en est l'objet;

« Le tribunal, statuant en matière ordinaire et en premier ressort, ouï M. le substitut de M. le procureur impérial, condamne Sourgens à délaisser à Barbasse la contenance de quatre hectares dix-huit ares quatre-vingt-quinze centiares, sur celle de neuf hectares vingt-huit ares vingt-quatre centiares qui lui a été attribuée dans la répartition des landes concédées par la commune de Rion, suivant acte retenu de M. Dupouy, notaire, aux dates des vingt-cinq mai et vingt juin mil huit cent soixante, demeurant l'offre faite par Barbasse, et dont il lui est donné acte, de rembourser au prorata de son droit les sommes avancées par Sourgens à l'occasion de la dite concession, et de remplir dans la même proportion les obligations prescrites par ledit acte. En conséquence, ordonne d'après ces bases le partage de la parcelle concédée à Sourgens ; et, pour y procéder, dit que par le sieur Bordessoulles, expert à Tartas, que le tribunal nomme d'office, faute par les parties d'en convenir à l'amiable dans les trois jours de la signification du jugement, et à défaut par tel autre qui sur simple requête serait désigné par le président du tribunal; serment préalablement prêté entre les mains de ce magistrat, il sera formé et délimité deux lots de contenance égale aux droits sus indiqués de chacune d'elles, pour, à la vue du dit rapport, si elles n'acceptent pas le travail du dit expert, être statué ce que de droit; dit que les dépens seront supportés par les parties au prorata de leur émolument dans la parcelle à partager.

« Fait et prononcé en audience publique, tenue par MM. A. Castandet, président, chevalier de la Légion-d'Honneur; Ferron et Capdeville, juges; M. Abbadie, substitut de M. le procureur impérial, à Saint-Sever, le 17 avril 1861.

« Signé : A. CASTANDET, *président*.

« J.-P. PONSE, *commis-greffier.* »

Tribunal civil de Dax — Cour de Pau (sur appel)

Propriété, terres communales, domaines, incorporation, accessions
(Labeyrie contre Labeyrie)

« Le tribunal; .... En ce qui concerne les concessions communales : attendu qu'elles sont faites à la propriété foncière, à sa considération, et comme lui étant nécessaires pour la rendre productive; que c'est ce qui est suivi invariablement dans la contrée, et ce que le tribunal n'a cessé de consacrer en toute occasion; que rien n'autorise ici à s'écarter de ce principe, si bien applicable à la cause; que c'est du vivant de Labeyrie père que la concession avait été demandée; que c'est à lui que l'attribution en avait été faite par l'expert Cuzacq, et ce n'est que par suite de cette demande et de cette opération que la concession a eu lieu, en faveur, il est vrai, de Labeyrie fils aîné, mais parce qu'à la date où elle a été faite, 24 et 25 janvier 1860, Labeyrie était décédé, et que le fils aîné était en possession de toute la propriété de ses père et mère; qu'elles doivent donc être calculées comme en dépendant, sauf la portion afférente aux acquisitions faites par la société par quart, et être réparties proportionnellement à la valeur des diverses masses. »

Observations présentées à l'audience de la cour de Pau par M. le premier avocat-général Lespinasse, sur l'appel de l'acheteur :

« Le tribunal confond deux situations profondément distinctes. Lorsque le détenteur d'un héritage l'administre pour autrui et qu'il y fait des annexions, on peut se demander si les terres nouvellement acquises l'ont été dans son intérêt personnel ou au profit de son mandant. Leur inutilité pour l'un, l'avantage qu'elles procureraient à l'autre, peuvent faire pencher la balance en faveur de ce dernier. Ainsi, un mari serait présumé avoir acheté pour sa femme, un tuteur pour son pupille; il y aurait beaucoup plus de

5

difficulté si l'acquisition avait été faite par un fermier durant le cours de son bail. Mais l'hypothèse d'un mandat ou d'une gestion spontanée devient absolument inadmissible à l'égard d'un possesseur qui ne reconnaît sur la chose administrée par lui aucun droit rival du sien : s'il achète de nouveaux fonds, il ne peut les acquérir que pour lui-même. Comment ce libre emploi d'un capital qui lui appartient exclusivement conférerait-il à quelqu'un le moindre droit sur ce qu'il reçoit en échange ? Objecter qu'il achète pour le domaine, c'est prendre une métaphore pour une réalité juridique. La seule chose vraie, c'est qu'il se propose de jouir de sa nouvelle propriété en la joignant à l'ancienne. Mais sa liberté demeure entière, malgré cette destination facultative. Il lui est parfaitement permis de séparer les nouveaux fonds du domaine, de les donner, de les échanger et de les vendre, sans que personne s'avise d'imaginer je ne sais quelle indivisibilité qui y mettrait obstacle.

« Il n'a donc pas acquis pour le domaine dans le sens d'une adjonction perpétuelle. Il n'a pas acheté davantage pour le nouvel occupant, car il ne prévoyait pas qu'il serait dépossédé; et la gestion d'affaires, comme le mandat, a pour élément essentiel l'intention d'agir dans l'intérêt d'autrui.

« Il ne faut pas confondre un accroissement de ce genre avec celui qui résulterait d'une alluvion.

« L'alluvion appartiendrait au nouveau possesseur, et ne pourrait être retenue par l'ancien. Pourquoi ? Parce qu'elle est une extension naturelle et comme un produit spontané du fonds primitif. La volonté de l'homme ne l'a pas faite ; il n'est pas étonnant qu'elle ne puisse la supprimer. L'immeuble est identiquement le même qu'autrefois : agrandi ou diminué par les agents naturels, il doit être livré tel qu'il se trouve au moment de la restitution.

« Les principes sont tout différents quand le fait de l'homme a produit l'augmentation ou la diminution de l'héritage. Si le possesseur avait vendu, il devrait racheter pour vendre; n'est-il pas juste que s'il achète, il puisse retenir son acquisition ?

« L'indivisibilité des fonds anciens et nouveaux aurait quelque apparence de vérité si elle avait été stipulée par le vendeur; mais cette clause, d'une légalité douteuse, ne donnerait qu'au vendeur un droit d'opposition, et elle ne se rencontre pas dans l'espèce.

« L'achat était un projet du père ; mais il a été réalisé par le fils seul, en son propre nom et dans son intérêt exclusif : il ne peut profiter qu'à lui.

« Si les communaux mis en vente ont été répartis entre les divers soumissionnaires proportionnellement à leurs propriétés limitrophes, cette mesure d'ordre, cette garantie d'impartialité, n'a pas empêché les acheteurs de devenir les maîtres absolus de leurs lots. Personne n'a jamais songé à prétendre qu'ils ne puissent les aliéner à part ; et, s'il leur est permis de les séparer du domaine par un contrat quelconque, pourquoi ne pourraient-ils pas les retenir quand on leur enlève l'héritage auquel ils les ont ajoutés ? »

Le jugement avait donné à l'appui de cette solution deux raisons : l'une en droit, combattue par les conclusions que nous venons de rapporter ; l'autre en fait, c'est cette dernière seule que l'arrêt a retenue pour condamner la sentence des premiers juges. En omettant la première, cet arrêt manifeste suffisamment qu'elle devait être repoussée.

« La Cour ;...... Attendu que les concessions de terrains communaux avaient été préparées du vivant du père commun, qui avait donné son consentement aux travaux à exécuter et participé à tous les préliminaires se rattachant à la dite concession ; qu'à sa mort, toutes les formalités étant accomplies, ses héritiers n'eurent qu'à recueillir le fruit d'une convention préexistante et à en payer le prix ; que ces biens ont, dès-lors, été justement compris dans la succession ; qu'il est impossible, dans de telles circonstances, de reconnaître aux parties de Duprat le droit exclusif qu'elles revendiquent pour leur père ;

« Qu'il a donc été bien jugé....

« Confirme.... »

Du 5 février 1868. — Cour de Pau (1re chambre). — M. Dartigaux, président ; M. Lespinasse, 1er avocat-général, conclusions conformes. — Plaidants : Me Soulé (appelant) ; Me Forest (intimé). — Occupants : Mes Duprat et Touzet.

Extrait du *Recueil judiciaire de la cour de Pau* (avril, mai et juin 1868).

Arrêt de la cour de Pau, 2 Août 1871

(Affaire P.... contre veuve D...., de Rion-des-Landes)

Cet arrêt adopte d'abord les motifs d'un jugement du tribunal de Saint-Sever du 17 juillet 1870, puis il considère :

« En ce qui touche les landes, qu'il résulte des actes authentiques produits que ces landes n'avaient été concédées par la commune qu'en proportion des contributions payées par le domaine des auteurs communs, et pour rester attachées à ce domaine dans l'intérêt de la bonne exploitation ; — que P..., dès-lors, ne saurait prétendre que Fourquet, son vendeur, les avait acquises pour son compte personnel ; — que, cela étant, la veuve D... est en droit d'exercer le retrait successoral pour ces landes, comme pour ce qui concerne la métairie de Larrehil ; — que

..., impr. E. Lasserre

www.ingramcontent.com/pod-product-compliance
Lightning Source LLC
Chambersburg PA
CBHW071306200326
41521CB00009B/1923